JN162164

開業とお金の
不安が無くなる

美容室開業の
教科書

美容業界専門
税理士 中嶋 政雄 / 社労士 中嶋 有美

プロローグ　間違いだらけの美容室の開業

美容室を開業して数年で経営が苦しくなってしまう人がいます。中には、開業して半年も立っていないのに資金繰りが厳しくなって、お店の売却や廃業を選択せざるを得ない方もいます。

いつか自分のお店を持ちたいと思って、大変な努力と苦労を積み重ねてきて、ようやく実現する美容室の開業という大イベント。そんな夢の実現のステージが、開業してすぐに大きな壁に直面してしまう厳しい現実があります。

なぜ、そんな事が起きてしまうのか？　答えは簡単です。

「経営のやり方を間違えているから」

当たり前の話ですが、美容室を開業する人にとって、経営は初めての体験になります。美容室の開業を決めるまで、美容の技術、知識についてはかなりの勉強をしてきたかと思いますが、「経営」については学ぶ機会が無かったのではないでしょうか。

たとえ、大型店舗で店長やマネージャー、その他の重要な役職を経験してきたとしても、経営知識が身に付くわけではありません。知る機会があるとすれば、友人、知人、先輩の体験談。その体験談のような経営のやり方はあなたに合っていますか？　その人だからこそできるやり方ではありませんか？　残念ながら、個人のキャラクターに依存する経営手法は、ほとんど真似することはできません。経営には原理原則があります。

まず知らなければならないのは、個人の体験談では無く、全ての経営において共通する「経営の原理原則」です。

「経営の原理原則」といっても、〝こうすれば上手くいく〟というようなテクニックではありません。

「経営の原理原則」とは、簡単に言えば「リンゴを上から落とすと、必ず下に落ちる」という物理法則、「こんな手を打つと、こんな結果になるよ」という公式みたいなものと考えると分りやすいです。

美容室を開業したけれど、「やってみたけどダメだった」では困りますよね。

経営は博打ではありません。成功するかわからないけど、とりあえずやってみる。そんな美容室開業は絶対にダメ。確実に生存する方法で美容室を経営しなくてはいけません。

これまで数多くの美容室の開業相談を受けてきました。

ほとんどが30代前後の方。両親のサポートを受ける方もあれば、奥さん、兄弟からのサポートを受ける方もいます。結婚したばかりの人もいます。お子さんが生まれたばかりの方もいます。

間違いなく全員が、自分のお店を軌道に乗せて、人生の新しいステージを切り開こうとしています。

私自身も税理士として開業した当初、実は、とても苦労をしました。税理士事務所として売上が上がらず、通帳預金は減る一方。子供もちょうど二人目が生まれたばかり。こんなはずではなかった。そんな場面で出会ったのが、私の師である井崎貴富先生が主催する革真塾という勉強会で学んだ「経営の原理原則」でした。

これまでのやり方、考え方を一旦置いて、自分のやっていた経営の考え方を現状否定し、必死に「経営の原理原則」を学び、沢山の方のサポートを受けながら、何とか開業の苦境を乗り切り、美容室専門税理士として今に至っています。

私のやるべきことは、美容師の夢を叶える会計事務所として、自分自身の体験も踏まえ、これから大きな夢を抱いて旅立とうとする美容師の方に対して、必ず生存する美容室作りのサポートをすること。これを最も大切なテーマとしてお客様と向き合っています。

開業してすぐ経営が行き詰ってしまう美容室開業は絶対に無くしたい。本書が、これから美容室を開業しようとしている方だけではなく、すでに美容室をオープンして軌道に乗せるべく奮闘している方、美容室で働きながらいつか開業したいと思っている方、美容業界で働くすべての方の一助になれれば幸いです。

なかしま税務労務事務所
税理士　中嶋　政雄
社会保険労務士　中嶋　有美

◉目　次

第3章 成功する創業計画書の作り方と融資の成功事例……93

第4章 開業したら忘れずに届け出しよう……133

第1章

成功する美容室を作るために知っておくべきこと

成功する美容室を作る最も良い方法は、何だと思いますか？　答えは簡単です。実際に成功しているお店が、どんな手順を踏んで、今の成功までたどり着いたのか、その成功の軌跡を辿ることです。

間違えていけないのは、個人のキャラクターで成功した体験談を真似するのではありません。

真似すべきは、だれがやってもうまくいく「経営の原理原則」を使って成功したお店であること、美容室だから同じ美容業のお店を真似るのではなく、業種業態を問わず業界A級と呼ばれる成長企業を真似ることが大切です。

何店舗、何十店舗、何百店舗も経営する会社であったとしても、必ず1店舗だった時代があります。

そして、その1店舗目の経営がうまくいったから拡大していったはずです。大切なのは、その最初の1店舗目の美容室をどのように作ったのか、そのお店を作る過程で、どんな計画を立てたのか、どんな立地を選んだのか、どんな資金調達をしたのか、だれが、具体的に、どんなことをしたのかを事細かに真似することです。

真似をするのは嫌いという人がいます。でも、まったくの我流で経営が上手く行く人は、何百人に1人の割合です。

我流で美容室を開業して、上手く行かなかったらどうしますか？　夢を実現するために苦労して貯めてきた大切なお金を失い、それだけではなく、開業の時に出来た大きな借金も残り、大変なことになってしまいます。そんな美容室の開業はあってはなりません。だから、まったくの我流で美容室を開業してはダメです。成功する美容室を作るために、他者の成功の軌跡を辿ること。成功するための経営の原理原則を学ぶことが何よりも大切です。

本章では、必ず成功する美容室を開業するために、まずは、よく見聞きする間違った美容室経営を示し、どんな考え方、やり方が間違っていたのかを見てみたいと思います。その次に、これから美容室経営をする上で、絶対に知っておくべき美容室経営における「経営の原理原則」をお伝えします。そして、美容室の開業準備の段階からどんなことをして、どんな資金調達を行い、どんな手順を踏んで経営がうまく行ったのかという軌跡を事実に基づいて紹介します。

1　間違いだらけの美容室経営

①　最大の間違いは『売上高』の考え方

『売上高』の意味って何ですか？

ほとんどの美容室経営者の方は、『売上高』の意味を聞くと、こう答えます。

「売上高とは、私のお店が売り上げた金額です」と。

『売上高』は自分が売った金額合計だと考える限り、お店の売上が上がらない場合には、『どうしたら売れるのか？』、『売れるためにはどうしたら良いのか？』と、商品・サービスの売り方、経営者の努力不足や経営のやり方の話になってしまいます。

正しい『売上高』の意味は、『お客様が買い上げた金額合計』です。

こう考えると、売上が上がらない理由は、

お客が買わない▼お客の欲しい商品がない▼お客の欲しい商品・サービスを提供していない、ということになります。もしくは、お客の欲しい商品・サービスを取り扱っていたとしても、お客の欲しい価格で提供されていない、ということになります。

ですから、売上が上がらない理由は、『売り方』でも『精神力』でも『接客』でも『営業』でもないのです。

売上不振で悩んでいる美容室経営者のほとんどが、自分のやり方が悪いのではないかと、売上を上げるために必死に売り方を学び、接客技術を学び、営業手法にお金を使い、自分自身を苦しめてしまっている現実があります。

売上が上がらない理由は、とてもシンプルです。

売れないのは、お客様が買わない▼お客様の欲しい商品がないか、欲しい価格で売られていない、という理由だけです。

自分のお店の商品・サービスを中心に考えると、つい、売上とは、〝私が売った金額合計だ〟と考えてしまいます。でも、自分自身が消費者として、商品やサービスを受ける立場で考えてみて下さい。そうするととてもシンプルに考えることが出来ます。

自分の欲しい商品・サービスを提供しているお店に行きますよね？　でも、その商品・サービスが買える値段じゃないと買わないですよね？　そのお店の人が、一生懸命に販促して、営業して、接客したとしても、お客様であるあなたがお金を払う理由はシンプルです。

そのお店に、自分の欲しい商品があり、そして、買える価格で提供されていること。これ以外に理由はありません。

売上高とは、お店が「売り上げた金額合計」ではなく、お客様が「買い上げた金額合計」だという認識はとても大切です。

これから美容室を開業する方が、お店の商品・サービスのメニューを作るときに大切にして頂きたいのは、私の提供したいこだわりの商品・サービスを、私の売りたい価格で提供するのではなく、お客様が欲しいと思っている美容室の商品・サービスメニューを、お客様が払ってもいいと思える価格で提供するという目線を持つということです。

②　都心部の高級サロンにたくさんのお客様が！

都心部の高級サロンにたくさんのお客様が来店している。やっぱり良いものは売れる。高級志向のお店を作ろう。開業相談をしているとそんな話をする方もいます。本当にそんな事をしても良いのでしょうか？

例えば、東京、大阪、名古屋の都心部にあるデパートの地下食品売り場の高級惣菜に１００人の行列が出来たとします。この事だけを取り上げて、やっぱり良いものは売れる、高級志向の時代が来ている！　なんて思ってしまったら、大間違いです。

商圏人口という言葉を知っていますか？

商圏というのは、お店に集客できる範囲のことで、商圏人口というのは、その集客できる範囲に住んでいる人口のことを言います。

デパートの商圏人口は50万人から１００万人と言われています。50万人から１００万人集まるところに1店舗出店するという考え方でデパートは出店しています。

デパートの地下食品売り場に１００人の行列が出来たということは、商圏人口１００万人の内、１００人が並んでいることになります。ということは、10万人だと10人、1万人だと1人並んでいることになります。そう考えるとまったく凄くない数ですよね？

「商圏人口」は美容室の出店エリアの選定においてとても重要な考え方ですが、それだけで出店エリアを決めてはいけません。

大切なのは、「商圏人口」ではなく、「支持人口」です。

「支持人口」というのは、商圏の中にある競合店の数を考慮した見込み客数のことです。式にすると、

『支持人口 ＝ 商圏人口 ÷ 競合店数』で計算します。

2万人の商圏人口がいるから出店するには良い立地ですよ！　というのは誤りです。商圏人口で判断するのではなく、支持人口で判断する必要があります。

2万人の商圏人口に競合の美容室が5店舗あれば、支持人口は4千人になります。これは商圏人口4千人のエリアに自分のお店だけがあり、競合の美容室が出店していない場合と同じになります。

どちらが有利だと思いますか？　支持人口で考えると、後者の方が有利です。もともと人の少ないエリアに1店舗出店していれば、他の人が美容室を開業する場所としては選びにくくなります。前者は、商圏人口が多いので、競合もさらに出店してきます。結果として、支持人口が減少し、より激しい競争によって経営は苦しくなってしまいます。

高級な商品やサービスが最近売れているという話をよく聞きませんか？　価格競争で価格が安くなるデフレが終わり、いよいよ高級品、本物志向の商品・サービスが売れる時代になってきた！　そんな言葉に影響されて、美容室のサービスメニューを考える人もいます。

人は、いつの時代でも「本物」、「高級品」が欲しいと思っています。でも、買える価格ではないので買えなかった。これが本当の姿です。以前は買える価格でなかった「高級品」、「本物」と言われる商品・サービスが以前と比べて安く買える時代になってきたというのが現実です。

③ 売上が下がったら、「広告」や「販促」をしなさい！

『売上が下がったのなら、どんな場所で美容室を営業していたとしても、ネットで集客すれば何とかなりますよ！』。美容室向けの大手の広告会社の方からこんな話を聞きました。大手の広告会社がこんな考え方をしていたら、これから開業しようとする人、開業したばかりの人、経営が苦しくなっている美容室経営者の方は、ますます間違った選択をしてしまいます。

ほとんどの人は、「広告」の意味を正しく理解していません。

正しい「広告」の意味は、「お店の良さをお客様に伝える行為」です。売上が下がっているときに、「広告」「販促」したらどうなりますか？　売上が下がった原因は、自分のお店の中にあるわけです。売上が下がっているときに「広告」「販促」をすると、売上が下がっている原因がより多くのお客に伝わってしまいます。結果として、「広告」「販促」をすることで、さらに状況が悪くなってしまいます。「広告」「販促」をする前に、まずやるべきことがあります。

売れない理由は、自分のお店の中に問題があるはず。広告の前に、原因を特定してまずは解決すること。原因を調べて解決した後で、自分のお店の良さを伝えるために「広告」「販促」をしましょう。

美容室の経営を圧迫している原因の1つとして、「広告」「販促」の為の費用が高額であることが上げられます。お客様を集めるために、高額な広告宣伝費が必要な媒体に告知をし続けたり、高額なホームページを作成している方がたくさんいます。

ホットペッパービューティーや楽天ビューティーなどのネット集客媒体はお店の状況に合わせながら、積極的に活用すべきですが、どんな広告媒体を使えば良いのかということではなく、「広告」「販促」をする前に、お店の良さをしっかりと準備することが最も大切なことです。

④　頑張って努力したら必ずできる！

頑張りを否定しているわけではありません。頑張ることはもちろん大切です。美容室を開業する方の中には、まずは美容室をオープンすることだけを目的にしている方も少なくありません。

まずはお店をオープンさせること。お店をオープンしてから頑張ろう、と。

美容室経営が上手く行く人と、失敗してしまう人の大きな違いは、ここにあります。経営が上手く行かない人のほとんどは、お店をオープンしてから頑張ろうというタイプの方。

経営が上手く行く人、お店をオープンしてすぐに次の店舗の事を考える方というのは、お店をオープンするまでに一生懸命に準備します。徹底的に準備してお店をオープンさせた後は、あらかじめ計画されたことを行動するだけ。だから、すぐに次の展開に移ることができます。

「頑張って努力したら必ずできる！」のではなく、「努力」も大切だけど、「努力」よりも「正しい選択」をすることが重要になります。

正しい選択をするには、正しい知識が必要になります。美容室経営を成功させるためには、気合と根性で「努力」するだけではなく、正しい知識の両方が必要。

成長するための「成長軌道」に入るには、まず、「現状認識」をすることです。

今のままではまずい！と気付くことがスタートです。今の自分がどこにいるのか、自分の現在地を知ることから始まります。

そして次に、「現状否定」。

今までの自分のやり方、考え方は間違っているのではないか？　と自分自身を否定する自己否定ではなく、今の自分の経営に対するやり方、考え方を現状否定します。

そこで、「決断」をします。よし、やるぞ！と。

経営の原理原則、正しい知識を学び、時間をかけて準備をします。これで出来る！　と確信したら、ここから必要となるのが「頑張り」です。正しいやり方で「気合」と「根性」で必ずやり遂げる。

お店をオープンしてから頑張ろうではなく、徹底的にお店の商品、サービス、価格、集客のこと、スタッフのこと、お店をどうやって回していくのか、事前に正しい知識、やり方を学びながら準備して、お店をオープンしてからは、その準備してきたことをひたすら気合と根性で完遂させる。正しい選択をした後で、努力をすること。この考え方が、美容室開業を成功させる秘訣です。

もし、経営が上手くいかなくなったらどうしたら良いのか？

美容室に限らず、どんな業種業態でも基本はすべて同じです。先ほども少し触れましたが、それは、「現状否定」をすることです。

選んだやり方が間違っていることに気付いて、「自分」ではなく、「やり方」を変えること。現状否定してはいけないのは、自分の人生、人の人生。現状否定すべきは、上手くいかなくなった今までのやり方です。

「MORE」から「CHANGE」へ考え方を変える必要があります。やり方が間違っている訳ですから、直ちに「我流」を現状否定します。

「MORE」もっと頑張るのではありません。やり方が間違っているのに、さらに「MORE」もっと頑張っても、さらに悪化するだけです。「MORE」ではなく、「CHAGE」すること。「変える」「改革」することが必要です。だから、「努力」よりも「選択」が大切です。

『選択 ＞ 努力』

正しい選択をした後で、気合と根性で努力をしましょう。

⑤　大手と違うことをしなければいけない

今まで勤務してきたサロンでは出来なかったサービスを提供したい。この考え方自体を否定する訳ではありません。

問題なのは、その提供したいと思っているサービスを、お客様が必要としているかどうか。自分のお店は小さな規模なので、大手と同じ事をしていてはダメ！　という方がいます。本当にそうでしょうか？

「大手」って、どんなお店ですか？「大手」というのは、お客様がたくさん来ているお店です。お客様の欲しい商品・サービスがあるお店ということです。「大手」かどうかというのは関係ありません。

大切なことは、お客様に支持されているかどうかです。

大手と言われる企業が大手である理由があるはずです。大手と違うことをするのではなく、お客様に支持されていることを真似すること。これも自分自身が消費者の立場になって考えてみると良く分ります。

聞いたこともない、見たこともない商品・サービスと、普段から馴染みの商品・サービス。しかも、前者の方が価格が高いとしたらどうしますか？　もちろん、何人かのお客は前者の高くて珍しい商品・サービスを選ぶこともあると思います。でも、「ほとんど」のお客様は後者の商品・サービスを選びます。

ビジネスの基本は、多くの人に選ばれる商品・サービスを提供した方が当然有利になります。必ず生存する美容室を作る上で、多数派に選択される商品・サービスをいかに提供出来るかが重要なカギになります。

⑥ 危険な3つのビジネススタイル

これまでは美容室の経営も上手く行っていたけれども、年々経営が難しくなってきた。この店舗も数年前までは凄い売上だった。長年美容室を経営されている方から良く聞く言葉です。もちろん、美容室だけに限定された話ではありません。美容業界はご存知の通り、既に厳しい競争状態に突入しています。

これからの時代に経営をする上で、3つの危険なビジネススタイルというものがあります。

(1) 業種店の崩壊

金物屋さん、お菓子屋さん、お花屋さん、ケーキ屋さん、いわゆる○○屋さんと言われるお店。そうしたお店は以前にはたくさんありましたが、最近見なくなりましたよね。

業種店というのは、「作る立場」・「売る立場」で分類される単一品種の商品・サービスを扱うお店の事です。

私の場合は税理士ですから、税務の相談だけを商品としています。これも業種店になります。美容室はどうでしょうか？　美容師だから、カット&シャンプーだけを提供するというのも業種店になります。作る立場、売る立場で商品・サービスを考えるのが業種店であり、どんどん姿を消しています。

(2) 固定客ビジネスの崩壊

固定客というのは競争によっていつか他店に取られてしまいます。

美容室を開業した当初は、開業前からお付き合いのあるお客様が来てくれるケースも多々ありますが、基本は新規のお客様からスタートします。でも、その内に、固定客のお客様が増えてきて、予約も取り難く、お断りをする事も増えてきます。そして、既存のお客様を大切にするために、新規客の集客をやめてしまうお店も沢山あります。新規客獲得の減少は、固定客ビジネスの始まりでもあります。

(3) 労働集約ビジネスの崩壊

美容室で売上を上げ続けようとすると、スタイリストの自分1人だけでは限界があります。自分1人での売上の限界に達した時、さらに売上規模を増やそうとすると、当然ですが、スタイリスト、アシスタントなど、とにかく人がいないことには売上は上がりません。美容室は、スタッフが増えない限り、売上を上げ続けることができない労働集約的なビジネスです。さらに、美容師になるには美容師免許という国家資格が必要になります。美容室に限らず、スタッフが増えないと始まらないビジネスの多くが崩壊し始めています。

美容室を何店舗か経営する方の中には、スタッフの採用とスタッフの定着が大変で、店舗を売却してしまうという話も少なくありません。将来の美容師を輩出する美容学校で学ぶ学生が減少してきているので、新規採用はますます難しい状況になってきています。


この3つの危険なビジネススタイルの話を初めて聞いた時、税理士の私としては、愕然としました。これから税理士事務所を開業しようと大きな夢を抱いていた矢先、実は、税理士である自分の業界は、この3つすべてに該当する業種であることを知らされました。でも、知っていれば状況を変えることは可能です。

1つ1つ丁寧に対応していく。

今の自分の商売が業種店であれば、作る立場、売る立場の商品・サービスではなく、お客様の必要としている商品・サービスを提供すること、いわゆる業種店から業態店に転換すること。

そして、固定客ビジネスからの脱却。固定客だけではなく、新規客を取り続ける仕組みを作ること。

最後に、労働集約産業からの転換。

これは簡単には出来ませんが、税理士や美容師という資格に拘らず、資格が無くても提供できるサービスメニュー、商品を充実すること。これから美容室を開業する上で、この3つの危険なビジネススタイルの事を知っていると知らないとでは決定的な違いが生まれます。

この危険な3つのビジネススタイルにはまらないための予防策を考えてみましょう。

自分のお店の商品・サービスが、「自分のやりたい事だけ」にスポットが当っていませんか?

これまでの美容室経営の考え方は、まずは「商品・サービス」ありきでした。「商品・サービス」からスタートして、今ある商品をどうやったら売れるのかを考えて、最後に価格が決まるという流れでした。

『商品・サービス』▼『売り方』▼『価格』

美容室に来店するお客様の求めているものは、お客様のライフスタイルが変われば、当然変化してきています。自分のやりたい商品・サービスからスタートするのではなく、「お客様の暮らし」や「お客様のTPOS」からスタートすることが必要です。

『お客様の暮らし・TPOS』▼『求められる商品』▼『売り方』▼『価格』

この考え方に切り替えることが大切です。

お客様の暮らし、TPOS（Time（時間）、Place（場所）、Occasion（場面）、Style（ライフスタイル））からのスタート。そして、その求められる商品を考えるときにも注意が必要です。ほとんどの方が、『あったら便利だな』『あったら良いな』という商品を考えてしまいがちですが、こういった商品は、現実としてなかなか売れません。一方で、無いと困るという商品はすぐに売れます。これも、ご自身の消費者としての体験に置き換えると良く分ると思います。無いと困るものは、すぐに買いに行きますよね？　でも、あったら良いなという商品は、ほとんどの人はたまにしか買いません。

求められる商品・サービスを考える時には、『あったら良いな』ではなく、『お客様の困った事を解決する商品・サービス』であることが条件になります。

2 成功する美容室開業のスケジュール

いつか自分のお店を持ちたい！　でも、何から準備をしたら良いのか？　いろいろな不安があると思います。美容室開業の全体像をイメージするところから始めると計画も立てやすくなります。まずは美容室を開業するまでのスケジュールを見てみましょう。

【美容室開業のスケジュール】

①　自己資金を貯める
②　どんなお店を作りたいのか事業計画を作る
③　立地・物件を探す
④　店舗内装業者を選ぶ
⑤　美容ディーラーを選ぶ
⑥　具体的な事業計画を作る
⑦　融資の申込
⑧　融資の決定
⑨　賃貸契約、内装業者との契約
⑩　オープン告知の準備
⑪　スタッフ採用の準備

⑫ 保健所・消防検査
⑬ 税務署等への開業届
⑭ 美容室オープン

① 自己資金を貯める

融資を受けずに美容室を開業できる人は、ほとんどいません。

美容室を開業するための融資を受けるには、「自己資金」を準備しておく必要があります。どれくらいの自己資金が必要なのかは、どんなお店を作りたいのか、どんな経営の仕方を選択するかで変わります。どれくらいの自己資金が必要かについては、後の章で詳細に説明します。

美容室を開業する方のほとんどは金融機関で開業のための融資を受けることになります。そのため、まずは金融機関にお金を借りるための条件として、自分の貯めたお金を「自己資金」として認めてもらう必要があります。

金融機関に自己資金として判断してもらう為に一番大切なことは、「あなたの通帳」で、「もらった給与から生活に必要なお金を支払った残りが貯まったお金」であることが必要です。

お金を借りるために、通帳にいきなり入金されたようなお金は、金融機関では「自己資金」として認めてもらえない可能性もあります。

開業のための融資を受けずに全額自己資金で開業する方もいます。どんな開業の仕方をするかで、一番初めに準備すべきお金の額は変わってきます。金融機関から開業のための融資を受けるためにいくら準備すべきか、その金額を把握して、まずはその金額を目標に自己資金を貯めると良いでしょう。

② どんなお店を作りたいのか事業計画を作る

「どうして開業したいのか?」、「どんなお店を作りたいのか?」まずはココからスタートしましょう。いきなり売上から考えるのはＮＧです。今のあなた自身の状況、家庭環境、そして、あなたのやりたいこと。あまり難しく考えずに、やりたいことをわがままに書き出してみると良いです。細かな軌道修正は予算が決まれば嫌でも必要となります。注意が必要なのは、数値だけの計画にならないようにすること。今の段階で、売上金額を細かく計画を立てることはあまり意味がありません。

自分のやりたい事、コンセプト、自分のやりたい美容室の絵を描いてみて下さい。

融資を受けるための事業計画と、あなたのやりたい事を実現する事業計画は少し違います。夢を描いた事業計画からスタートして、その中にリアルな計画を織り込みます。事業計画書には、ロマンとリアルの両方を入れ込んでいきましょう。

③ 立地・物件を探す

美容室の開業でもっとも大切なテーマが、この立地です。どんな場所でお店を出すのか? 「美容室の売上は、立地で6割が決まります。」

少し大げさな話と思われるかもしれませんが、これは事実です。

どれだけ素晴らしい技術があっても、どれだけ素晴らしいキャリアがあっても、立地が悪ければ売上は上がりません。

お客様が来やすいお店と、そうでないお店、どちらの経営が有利だと思いますか？　美味しい飲食店だったら、どれだけ不便な場所でも行きますか？　一部のお客様は来てくれますが、ほとんどのお客様はそうではありません。

立地が売上の6割を決める。どの立地にある物件を選ぶのかが一番大切です。

現実として、美容室のオープンの前月や前々月くらいまでは、まだ美容室に勤務している方がほとんど。オープンの数ヶ月間の収入を確保する必要もありますから、仕方ない部分もあると思います。問題なのは、場所も決まらずに、今の勤務しているお店の退職日だけが決まっている場合に、お店を開業する場所を急いで決めるケースです。

当事務所で立地の相談を行っていますが、美容室の開業に相応しい立地の条件をお伝えすると、ほとんどの方から、そんな場所はありませんよ！　と言われます。相談者だけでなく、不動産屋さんからも言われます。

オープンの予定日だけが決まっていると、何とかそこに合わせて場所を決めようとしてしまいます。業者さんから紹介された物件。決して美容室の立地として相応しくなくても、オープンを優先するあまり、立地の悪い部分を見ないようになってしまいます。これが最も危険です。

立地で売上の6割が決まること。

必ず生存する美容室を開業する上で、どんな場所を選ぶのかが最も重要であることを忘れないで下さい。

④ 店舗内装業者を選ぶ

美容室の開業で一番お金がかかるのが内装費用です。開業の時に資金的なトラブルが起きやすいのも、この内装工事に関する費用です。

内装工事の見積金額だけで依頼する業者を決めるのではなく、物件を一緒に見てもらい、どんな工事が必要になるのか、思い描いているレイアウトが物理的に可能なのか、自分の使っても良い予算内で、しっかりと相談に乗ってくれる内装業者を選びましょう。

内装に関する考え方は、大きく2つに分かれます。自分の思い描いたイメージ、やりたいことを実現するためのデザインを作るのか、来店するお客様の立場になったデザインにするのか。

どちらが経営として有利だと思いますか?

ステキなデザインのお店の方がお客様が喜んでくれるはず。癒し、寛ぎ、高級感を求めているお客様のイメージに合わせたお店作りをしたい。そんな話もよく聞きます。

必ず生存できる美容室を作ることを判断基準とするなら、お客様の立場で考えたお店作りが必要です。ほとんどのお客様が、どんなお店を求めているのか、自分のやりたい事は一旦置いて、お客様目線の店作りを考える。その上で、予算に合わせて、自分のイメージを織り込んでいくことをお勧めします。

⑤ 美容ディーラーを選ぶ

美容室経営に必要な情報のほとんどは美容ディーラーが持って来てくれます。商品や技術研修だけではなく、経営に必要な情報提供をしてくれる美容ディーラーもあります。大切な美容室経営のパートナーでもありますので、しっかりと相談に乗ってくれる美容ディーラーを選びましょう。

美容室の開業を考えた時に、一番最初に相談乗ってくれるのが、勤務している美容室に来ている美容ディーラーの担当の方だと思います。

ただ、美容ディーラーからすると、今の勤務しているお店との繋がりがあっての話ですから、取引先のお店の利益に反するようなアドバイスは出来ません。美容ディーラーによっては、ちゃんと相談すれば、創業融資から事業計画の作成、内装建築、機材、販促に至るまですべてをコーディネートしてくれます。今の勤務先の経営者との関係性を健全にして、良い情報を得られる環境を自分で作り出すことが大切です。

⑥　具体的な事業計画を作る

お店の場所も決まり、内装業者、美容ディーラーも決まったところで、いよいよ融資に向けた具体的な事業計画作りがスタートです。ここで作る事業計画書は、夢を描いた計画に現実のリアルを加えます。

大切なことは、すべてが具体的であること。

売上が右肩上がりの計画書＝融資が受けやすい計画書、ではありません。売上も支払も、すべてに根拠が必要です。もちろん根拠といっても、すべてはこれからの未来の計画です。これまでの自分はどんなことをしてきたのか、コンテストでの実績、勤務してきたお店での役職、経験、担当してきたお客様の数、自分が最も自信を持っている美容の技術、こだわり、これらが計画書の中の根拠になります。

この事業計画書は金融機関に提出することを前提としています。創業融資の申請に詳しい方に相談しながら作成するなら別ですが、ご自身だけで金融機関に申し込みをする予定の人は、事業計画書に書いた内容のすべて自分で説明ができるようにする必要があります。計画書の作成を第三者に作ってもらう方がいますが、自分で説明出来なければ意味はありません。どれだけ綺麗な数値計画、商圏調査の添付資料があっても自分が理解していなければ意味がありません。

大切なのは、今の自分自身の状況を理解し、これからの計画をどのように考えているのか、それに自分で責任を持っているかどうかです。

金融機関との借入面談は、この事業計画書が中心となります。この計画書の内容次第では、１，０００万円の借入が必要なのに、８００万円の融資しか受けられない、こんなケースも少なくありません。これでは開業が出来なくなります。この様な事にならないように慎重に準備をしながら事業計画を作りましょう。

⑦ 融資の申込

融資の申込に必要なすべての資料を準備したら、いよいよ金融機関へ融資の申込をします。

美容室の開業でお金を借りる場合は、民間金融機関の信用保証制度を利用するか、日本政策金融公庫のどちらかになります。それぞれ準備する資料が異なりますから、予めそれぞれの申込手続きに必要な資料を確認しておいたほうが良いです。

自分で申込をする人は、金融機関に借入申込資料を持参して、その金融機関で面談を行います。

面談にはあらかじめ予約が必要です。金融機関からすると、あなたがどんな人なのかを資料と面談だけで判断することになります。いろいろな資料の提出を求められたという話をよく聞きますが、資料が求められる理由は、審査を通過させるための材料集めの為です。金融機関からの求めには積極的に対応することをお勧めします。

事業計画書が基本になりますが、提出資料を基にして借入面談が行われます。当事務所で創業融資のご依頼いただく場合は、当事務所で金融機関の面談を行うことが多いです。金融機関の担当者とご自身、そこに美容室専門税理士が面談に立会いますから、どんな質問が来ても心配はありません。ご自身で面談をする際には、先ほどの事業計画のところでもお伝えしたとおり、記載する内容、用意する資料の内容を把握し、自分の言葉で説明できるように準備することが大切です。

⑧ 融資の決定

融資の申込から決定までにかかる時間は、自分で申し込む場合と、専門家に依頼した場合などで変わってきます。当事務所で借入面談した方の最短記録は、借入面談の当日。これは特別なケースとして平均して1週間から10日前後。ご自身で申し込む場合は、1ヶ月前後の時間が必要になるケースが多いです。

融資の決定から実際に入金されるまでは、金融機関との金銭消費貸借契約書の作成が完成してからになります。融資の決定が下りれば、借りたお金が近いうちに入金されることは確実です。一般的には、融資の審査期間が長い場合というのは、金融機関の中での審査に時間が掛かっている場合が大半です。

融資面談をした担当の方が融資の決裁の判断をする人に対して、資料作成であったり、説明であったり、どちらにしても借入面談をした方のために一生懸命に手続きをしてくれています。時間が掛かるケースよりも借入面談をしてすぐに金融機関から連絡がある場合は注意が必要です。

金融機関への融資の申込は、形式的な要件があります。この形式要件に引っかかる場合は、比較的短期間に融資ができない旨の連絡を受ける場合があります。個人信用情報などに問題があると、申し込みの段階、借り入れ面談の段階、面談後すぐに融資できないなどの連絡が入ります。ですので、融資に時間が掛かっている場合というのは、比較的、融資が前向きに進んでいると考えても良いでしょう。

⑨ 不動産物件の賃貸契約、内装業者との契約

融資の決定の連絡を受けたら、さっそく不動産の本契約、内装業者との本契約がスタートできます。

それまでは、仮契約で止めておく必要があります。

不動産の賃貸契約については、実際に美容室をオープンするまで数ヶ月ありますから、フリーレント契約（家賃がタダ）やオープンまでの家賃の減額交渉をすることをお勧めします。立地がよい場所であるほど、競争が厳しくなります。中には、今の契約内容よりも良い条件で契約することを求めてくる人もいます。不動産の仮契約をしておかないと、折角の融資決定も意味がありませんので、不動産の仮契約だけは済ませておくと良いです。もし、仮契約をして、保証金や家賃の一部を支払っていた場合で、融資が通過しなかったことを理由に、こちらから契約の解除を求める場合は、手付金などが返ってこないケースもありますが、この場合は仕方がありません。融資が通過したけれど、その物件が他の方に取られてしまった場合に比べるとはるかにリスクは少ないです。

内装業者からの見積りは、数社の見積りを比べることも大切です。デザインだけではなく、予算との兼ね合いをしっかりと相談できる内装業者を選びましょう。お店をオープンしてからも、その後のメンテナンスや追加工事と、比較的長いお付き合いになることも多いです。一般的には、当初の内装見積から1割から2割程度、工事費用が最終的に上がってしまうと考えておいたほうが無難です。余裕を持った見積りを取ることをお勧めします。

実際の工事を進めるうちにどんどん金額が上がるケースもあります。ほとんどの場合は、内装業者だけの問題ではなく、工事の進捗に合わせて、依頼者である自分が当初の内容を変更してしまうことが多いです。内装工事の予算というのは開業資金の中では、もっとも重要になってきます。余裕を持った予算取りと、計画段階で作成した予算を守る、この2点をしっかりと押さえることが大切です。

⑩ オープン告知の準備

当たり前ですが、お客様はまだ、あなたのお店のことを知りません。ですから、事前にお店がオープンすることを告知することが必要です。

以前に勤務していたお客様に案内を送る場合は、トラブル防止のために、必ずそのお店の責任者の方に確認を取りましょう。承諾を得ることなくカルテなどのリストの持ち出しをすることは絶対にしてはいけません。

オープン告知として有力なのは、ホットペッパービューティー、楽天ビューティー、ミニモなどのネット集客ツールになります。そして、お店の周辺地域の人への折込チラシ、ポスティングです。

美容室というのは事前告知が必要な業種になります。カットしたいと思った時に、あなたのお店のことを知ってないと、お店に来店してもらうことは出来ません。事前にお店の事を知ってもらうための行動をどれだけするかが集客の鍵となります。

美容室の開業のために使えるお金は限られています。その限られた予算を最大限に活用するために、しっかりとどんな集客ツール、媒体を使うのかの優先順位を決めて、集客の準備をする必要があります。

⑪ スタッフ採用の準備

スタッフを採用するということになれば、どんな条件で働いてもらうのかをしっかりと決めて、雇用する時に雇用契約書を作成しておきましょう。

労災・雇用保険、社会保険などの法律の手続きも必要になります。スタッフを採用する場合には、使える助成金も出てくる可能性がありますので、しっかりと情報収集することが大切です。

オープン前から一緒に働いてくれる方に声をかけるケースも多くあります。美容室を経営する上で、最も大きな経費はスタッフに支払う給与になります。

オープン段階から一緒に働くかどうかは慎重に判断する必要があります。人の採用というのは、法律的な責任だけではなく、働いてくれるスタッフの人生をも左右することになります。

事業計画の中で、売上がもっとも根拠のない数値ですが、スタッフの給与、家賃などの固定費、借入金の返済などは明確です。お店の経費と借入金の返済を賄えるだけの利益が確保できる根拠をしっかりと持って、スタッフ採用を行う必要があります。

⑫ 保健所・消防検査

美容室は許認可制ですから、開業の前に検査を受ける必要があります。許可が受けられなければ美容室を営業することが出来ません。保健所の検査の内容に合わせて、内装の追加工事、備品の購入などが発生するケースもあります。

保健所などの届出に関して、予め必要な項目を内装業者と打ち合わせておきましょう。保健所からの許可が下りた後に、融資を受けた金融機関に許可書の提出が必要になる場合もあります。

⑬ 税務署等への届出

美容室を個人で開業する人も、法人で開業する場合でも、新しく事業を開始した場合には、所得税、源泉所得税、消費税、法人税などに関する各種届出書の提出が必要です。

それぞれの書類には提出期限があります。例えば、個人で事業を開始する場合には、事業開始等の日から1ヶ月以内に、『個人事業の開廃業等届出書』を所轄する税務署に提出する必要があります。

詳しくは後述しますが、税制上の各種特典が受けられる青色申告の承認を受ける場合には、原則、承認を受けようとする年の3月15日まで（その年の1月16日以後開業した場合には、開業の日から2ヶ月以内）に、『所得税の青色申告承認申請書』の提出が必要になります。これ以外にも各種届出が必要な書類があります。

もちろん、税務署への届出だけではなく、都道府県税事務所、社会保険事務所、労働基準監督署等への届出書の提出が必要になる場合もあります。

⑭　美容室のオープン

いよいよ美容室のオープンです。オープンの前に、関係者にお店をお披露目するレセプションや、関係者だけに告知をして来店してもらうプレオープン、すべてのお客様に来て頂くグランドオープンがあります。プレオープンをせずにいきなりグランドオープンされる方もいます。プレオープンの時間を設けて、知っている方からいろいろな意見を教えてもらい、十分な対策を準備してからグランドオープンができることが望ましいです。

プレオープンの目的は、単なるお店のお披露目ではありません。実際にお店に来て頂いて、お客様を満足させることができるか、クレームに繋がるような問題点はないかの洗い出しをします。

最初からすべて問題なく出来るなんて事はありません。自分では気付いていない問題点を、お客様の立場から指摘してもらうことはとても重要です。

オープンしても、まだ内装工事、看板工事が途中なんてこともあり得ます。お店のオープン時期は、全体の準備を進み具合を見ながら慎重に決定する必要があります。

どうですか？　イメージ出来ましたか？

成功する美容室を開業する鍵は、まずはお店をオープンさせてから頑張ろう！　ではなく、お店をオープンするまでに成功するための準備を徹底的にすることです。

何店舗も経営して成長している美容室を見れば分かります。上手く行くかどうか分らないけど、とりあえずお店を出店しよう、オープンしてから頑張ろうなんて事は絶対にしません。

この立地なら、この環境なら、この準備さえ出来ていれば生存できる、この条件が揃って初めて出店を決めています。

もちろん、それでも成功する保証はどこにもありませんが、開業までの準備が大きな鍵であることは間違いありません。

成功する美容室を開業する秘訣は、まさに開業までの万全の準備にあります。

3 開業で必要な自己資金はいくらか？

いつか自分のお店を持ちたい！　その夢の実現のための第一歩は、お金を貯めることからスタートします。では、美容室を開業するために自己資金はいくら用意すればいいのでしょうか？　また、金融機関でお金を借りる時、「自己資金」がいかに重要で、いくら必要なのか？　こういったことを知っておくことは、スムーズに開業資金の準備をする上でとても大切な事です。

①「自己資金」って何？

自己資金というのは、簡単に言えば、美容室を開業するために自分で貯めてきたお金のことです。美容室を開業するためには、店舗の不動産契約から始まり、内装工事、美容機材の購入、材料、広告、運転資金など、オープンさせるまでに多額のお金が必要になります。仮に、オープンまでに1，000万円のお金が必要だとしましょう。その開業に必要なお金をすべて自分で用意できればよいのですが自分で貯めたお金だけで開業できる方はごく少数です。

美容室を開業するために金融機関からお金を借りる人がほとんど。開業に必要な1，000万円を集めるために、まずは自分で貯めたお金を充て、足らない部分は金融機関から借りるということになります。

金融機関でお金を借りるために、今までにお店を開業するために準備してきたお金はいくらなのか、この「自己資金」の金額が、融資が受けられるかどうかの結果に大きく影響します。

②　金融機関から見て、どんなお金が自己資金になるのか？

両親から開業のために借りたお金は自己資金になりますか？　答えは、ＮＯです。例え両親であったとしても、借りたということであれば、返済の義務があります。なので、このお金は借入金ということになります。

金融機関に自己資金として判断してもらうためには、次の2つの要件を満たす必要があります。

①　これまで働いて稼いだ給与の残りをコツコツと貯めてきたお金であること

②　自分名義の通帳で、貯めてきたお金の流れの経緯が確認できること

両親から借りたのではなく、貰ったお金はどうなるのか？

両親から借りたお金と同じように、①、②の要件は満たしていません。けれども、本当に両親から貰ったお金であることが証明できれば自己資金として判断してくれることもあります。

問題なのは、貰ったのか、借りたのか、金融機関からすれば判断することが出来ないので、できるだけ贈与契約書などの書面を用意しておくことをお勧めします。

また、身内から開業資金の一部を貰ったということであれば、貰った金額によっては贈与税の負担が発生する場合もあるので注意が必要です。

では、「たんす貯金」はどうなるのか？

「たんす貯金」というのは、銀行に預けずに自宅で貯めたお金のことです。

お勤め先の美容室から振込ではなく、現金で給料を貰う場合もありますから、そのまま金融機関に預けず、自宅に開業資金を貯めているという方もいると思います。けれども「たんす貯金」では、②の通帳で貯めてきた経緯を確認することができないので、金融機関に自己資金として判断してもらうのはなかなか難しいです。

もし、今の時点で「たんす貯金」で開業資金を貯めている人は、銀行の通帳にあらかじめ資金を移動させておくことをお勧めします。

金融機関との交渉で大切なポイントは、どれだけ客観的な証拠を出すことができるかにかかっています。

美容室を開業するために、銀行に預けずに貯めてきた事も事実、両親からの応援として貰ったお金であることも事実。

けれども、すべてが事実であったとしても、その客観的な証拠を金融機関に対して出せるようにしておくことも、開業のための大切な準備の1つです。

では、実際に自己資金として認められるケースを具体的に見てみましょう。

(1) 退職金

開業直前まで勤務している方が多いので、金融機関の借り入れ申し込み時点で受け取っている方は少ないですが、勤務していたお店から退職時に受け取る退職金も、自己資金として判断してもらうことは出来ます。

あくまで、受け取る予定のお金となりますので、実際にいくらの退職金が受け取れるのか、勤務している店の退職金規定など、証明できる材料は準備をしておく必要があります。

(2) 店舗の保証金など、借り入れ申し込みまでに開業のために使ったお金

テナント契約など、借り入れ申し込みの前段階で、店舗の仮契約を行う必要があります。その為、保証金などを自己資金として貯めてきたお金から予め支払う必要があります。

開業の準備費用として使った目的が明確であれば、借り入れ申し込み前に使った金額も自己資金として判断してもらうことが出来ます。

(3) 身内から貰ったお金

先ほどの事例にも出てきましたが、返す必要のないお金であることを証明できれば自己資金として判断してもらうことが出来ます。

具体的には、お金を貰ったことを証明する贈与契約書や贈与税申告書の控えなどを用意することです。口約束だけで済ませてしまうケースも多いのですが、自己資金としての判断だけではなく、税務上のトラブルを少なくする上でも、贈与契約書をしっかりと作成しておくことをお勧めします。

トラブルになったケースとしてこのような話もあります。お店をオープンするために口約束だけで身内からお金を貰い、その数年後にお金を贈与してくれた身内の方が亡くなってしまいました。

開業した方には兄弟が二人いて、遺産相続により財産を分ける時に、開業した方だけに贈与されていた事実が発覚し、財産を分ける話し合いが難航してしまったのです。

身内から貰ったお金の場合、お金を出した側の身内の通帳も金融機関に確認される場合があります。その理由は、本当に贈与の事実があったのかを確認するためです。中には、自己資金を大きく見せるために、身内が他の人から借金をして、そのお金を開業予定の息子さんの通帳に入金したというケースもありました。当然、このような事実は融資判断の際にマイナス材料とされてしまいます。

贈与だったら大丈夫ということではなく、たとえ贈与であっても、お金をあげた人の財務状況も安定している必要があります。贈与でお金を受け取った場合には、客観的に証明できる書類として、贈与契約書等以外にも、贈与した方の生活用通帳や、実際に贈与を行った通帳、資産の状況が分かる書類を準備しておくとよいです。

③ 必要な自己資金はいくら?

金融機関からお金を借りる時には、「自己資金の金額」がとても重要な判断基準とされることは先ほどお伝えした通りです。

金融機関からすると、どれだけ美容室の開業に向けて準備をしてきたのか、その努力を自己資金の金額で判断しています。

仮に、あなたがお金を貸す立場だったとしましょう。

お金を貸す立場であるあなたのところに、「美容室を開業したいです。でも、自己資金はほとんどありません。美容の技術には自信がありますし、たくさんのお客様をこれまで担当してきました。店長経験もあり、お店の経営にも自信はあります。」と借金の依頼が来たら、さて、あなたはどうしますか? お金を貸しますか?

別のもう一人の借り入れ希望者は、同じく美容室の開業を希望していて、美容学校を卒業し、お店で働き始めた時から、少しづつ夢の実現のためにずっと開業資金を貯めてきました。どちらにお金を貸しますか? 当然、後者の方ですよね。

お金を貸す立場になるとよく分かります。お金を貸す金額が大きくなれば、貸す側のリスクは当然大きくなります。

その人のお店が軌道に乗って貸したお金が回収できるかどうかは結局のところ分かりません。お金を貸す側からすると、初めてお店を経営する人にお金を貸す行為は、とても大きなリスクが伴います。その時に、どれだけ真剣に開業に取り組んでいるのかを判断するための材料が、この自己資金の額になるのです。

自己資金の金額が重要であるもう1つの理由は、借入を申し込む上で、クリアーしなくてはならない形式的な要件があるためです。これが自己資金要件といわれるものです。

例えば、日本政策金融公庫の創業融資の自己資金要件では、借入希望金額の10分の1以上の自己資金が必要となります。仮に100万円を自己資金として準備した場合、融資が受けられる上限金額は、900万円になります。つまり、自分で貯めてきた金額によって、融資が受けられる金額の上限が変わるということです。もちろん、自己資金が100万円あれば、900万円が必ず借りられるという訳ではありません。最低限の条件と考えたほうが良いでしょう。平成24年3月までは、自己資金要件として3分の1以上が必要でしたが、現在は緩和されて10分の1以上となっています（※日本政策金融公庫の制度の中には、この自己資金要件のない融資制度もあります。民間の金融機関でも同様に自己資金要件を設けている融資制度はたくさんあります）。

自己資金要件を満たせば、融資が必ず受けられるという訳ではありませんが、まずは最低限クリアーすべき金額として、自己資金要件が示す金額を、開業資金の目標額と考えておくと良いでしょう。

4 開業資金はどこで借りればいいのか

大きなお金を借りるのは、美容室を開業する時がはじめて、という人がほとんどです。ですから、お金はどこで借りたら良いのかをちゃんと知っている人は、どちらかといえば少数です。

大きなお金を借りる場合に、どんなイメージをしますか?

電車の中にある広告を見てみると、様々な銀行がクレジットカードローンなどを紹介しています。このカードローンに「事業用」といった言葉が書かれている商品もあります。けれども、美容室を開業する時に、このカードローンでお金を借りる人はほとんどいません。その理由は金利の高さにあります。一般的なカードローンは、返済期間や金額で変わりますが、4%~14.5%の「金利」になっています。この「金利」というのは、お金を借りると、借りたお金に加えて支払わなければいけない利息のことです。

いわば、お金のレンタル料みたいなものです。

高金利設定のカードローンではなく、「創業融資」といわれる融資制度を使うと、一般的には1%から3%前後の金利で借りられます。ずいぶんと違いますよね。もし、美容室の開業融資で1,000万円を10年で返す約束でお金を借りた場合のことを考えると、数%の金利の違いだけでも、結果的にとても大きな金額差になってきます。

ですから、美容室の開業でお金を借りる場合には、そもそもどんな融資制度があり、どの制度が自分にとって最もメリットがあるのかを知っておくことがとても大切です。

①　創業融資とは何か？

簡単に言えば、創業融資とは、お店を開業するときに借りるお金のことです。事業資金として自分で貯めたお金だけで足らなければ、不足する金額を他から借りる必要があります。この「他から借りる先」として考えられるのは、主に次の3つです。

- 日本政策金融公庫
- 信用保証協会・自治体・民間の金融機関が連携している信用保証協会付き融資
- 民間の金融機関による、保証協会の保証を付けない独自の融資制度（プロパー融資）

3つ目の民間金融機関のプロパー融資は初めて開業する方は信用がないので、借り入れのハードルは高くなります。ですので、美容室の開業融資申し込み先として優先度が高いのは、日本政策金融公庫の創業融資制度、信用保証協会付きの融資制度の2つになります。

②　日本政策金融公庫とは

これから事業を始めようとする人や、すでに事業をしている人に必要な資金を融資する金融機関で、国が100%出資している政策金融機関です。

国の政策に則って、低い金利で、長期で借りられるなど条件面で非常に優れた融資制度を持っています。その数、なんと毎年、約2万社に事業資金の融資を実行しています。

一般の民間金融機関が行う金融活動を補完しながら、様々な政策的な融資を通じて、国民生活の向上に寄与することを目的としています。

開業というのは、必ずしも成功するとは限りません。倒産するリスクの高い創業者には民間金融機関のプロパー融資は難しいですが、日本政策金融公庫の場合は、むしろ積極的に融資を行っています。

③　信用保証協会付き融資とは

信用保証協会とは、中小企業・小規模な事業者（例えば美容室を開業しようとする人）が、金融機関から「事業資金」を調達する時に、保証人として融資を受けやすくなるようにサポートしてくれる公的機関のことです。

全国各地に信用保証協会があり、各地域に密着した業務を行っています。

信用保証制度は、中小企業・小規模事業者、金融機関、信用保証協会の3者で成り立っています。この公的機関の保証の付いた融資制度というのが、信用保証協会付き融資制度になります。

先ほど、民間の金融機関で、倒産リスクの高い創業者がお金を借りることは難しいとお話ししましたが、信用保証協会からの保証を貰うことができれば、民間の金融機関からお金を借りることができます。もし、お金が返せなくなってしまったときに、信用保証協会が金融機関に対して、立て替え払いをしてくれます。もちろん、借りた本人は返済しなくても良いわけではなく、信用保証協会に対して立て替え払いしてくれたお金を返済する必要があります。金融機関としては、信用保証協会の保証が付くことで、回収不能というリスクを下げることができるので、創業する人に対しても積極的に融資ができるという制度になっています。

④ 民間金融機関の創業者向けの融資

民間金融機関からお金を借りる際に、先ほどの信用保証協会の保証を付けない融資制度が、一般的にプロパー融資と言われています。

民間の金融機関も創業者のための融資を行ってはいます。回収不能リスクの高い開業希望者には、なかなかハードルが高いのが現実ですが、信用金庫などの地域に根差した金融機関は比較的積極的に融資を提供しているところもあります。

⑤ 日本政策金融公庫と民間の金融機関との協調融資

お金を借りる時に、日本政策金融公庫（以下、公庫）と信用保証協会付きの融資制度、または、民間金融機関のプロパー融資を組み合わせて融資を受けるというパターンもあります。この場合は、あらかじめ協調融資として公庫、もしくは金融機関に申し込みをする必要があります。

この融資制度の特徴として、公庫と信用保証協会の両方から融資ＯＫを貰わないと融資が受けられません。

例えば、公庫に８００万円、信用保証協会付き融資に２００万円を申し込みした場合、公庫から融資が受けられそうだという連絡があったとしても、公庫から融資を受けるためには、信用保証協会付き融資についても融資ＯＫを貰う必要があります。

信用保証協会付き融資からＮＧを貰ってしまうと、せっかく公庫から融資が受けられそうという話を聞いていたとしても、最終的には両方受けられません。

協調融資のメリットとしては、公庫や金融機関それぞれからすれば、単独で大きな金額の融資をするリスクを下げることができるため、双方にとっては融資し易くなるという点です。

ときどき、公庫に融資を申し込みしていることを、信用保証協会付き融資の申し込みをする金融機関に内緒にしておいた方が良いか？　と聞かれることもありますが、むしろ、申し込みをしていることを伝え、協調融資を積極的に活用した方が融資の成功率をアップさせることができます。また、借入申し込みで使用する事業計画や添付資料などの情報を公庫と金融機関同士で共有してくれるケースもありますから、説明や資料提出を省略することもできます。

協調融資は、地域の公庫、金融機関により取扱いが変わってきますので、融資の申し込みを検討している公庫に、地域の金融機関との協調融資が可能かどうかを確認することをお勧めします。

⑥店舗兼住宅で美容室を開業する場合の融資制度

テナントなどではなく、自宅の一部に店舗を作り美容室を開業するという方もいます。こういったケースの建物を店舗兼住宅といいますが、この店舗兼住宅というのは、店舗部分と住宅部分が1つの建物で作られており、例えば、1階がお店で2階が住宅になっているような建物です。

住宅部分を建てる時にお金を借りる場合には住宅ローンを使います。住宅ローンの金利は事業用資金の金利よりも一般的に低く設定されています。また、返済期間も20年や30年、中には50年返済など非常に長い期間設定になっています。

店舗兼住宅にかかる費用をすべて住宅ローンで借りることが出来たら良いのですが、残念ながらそうはいきません。住宅ローンの対象は、あくまでも住宅部分だけです。

ですので、店舗兼住宅のすべての建築費用の内、住宅に関する部分の金額を上限として住宅ローンを組むことになります。そして、残りの店舗部分の金額は、事業用融資として公庫、または信用保証協会付き融資、金融機関のプロパー融資でまかなうことになります。

なるべく多くの金額を住宅ローンから調達できないかと、建築会社に相談して住宅部分の見積もりを多く作成して申請するというケースも見られますが、当たり前ですが正しい姿ではありません。万一、本来の姿ではない融資の申請をしていたことが発覚すれば、借りたお金を全額返済しなければならなくなる可能性もありますので絶対にやってはいけません。

住宅ローンを組むことによって、公庫や信用保証協会付き融資が受けられなくなるのではないかと心配される方もいますが、実際のところは、住宅ローンには担保が設定されている為、事業用資金の審査にはほとんど関係ありません。

店舗兼住宅の場合は、店舗部分にかかる費用は、テナントで店舗を作るよりもコストを抑えることが出来るケースが多いので、事業用資金としての借入額も少なくて済みます。お金を貸す側からしてもリスクが抑えられますので、その分、融資を出しやすいようです。

5 開業は個人事業か会社（法人）か、どちらが有利なのか

美容室開業相談をしていると、「会社（法人）を作った方が金融機関からお金が借りやすいって聞きましたが本当ですか？」とか、「開業（起業）するということは、会社を作らなくてはいけないのですか？」など、会社形態にかかわる様々な相談を受けます。

美容室を開業するにあたり、個人事業と会社（以後、法人）との違いをしっかりと把握した上で、どちらが有利なのかを知っておくことは、成功する美容室を開業する上でとても大切な事です。

① 社会的信用の違い

一般論として、個人事業と法人を比べると、『信用力』という点では、個人事業の方が相対的に低く、法人の方が高いといわれています。

その理由の1つとして、以前は会社設立をする際は、資本金の要件というものがあり、有限会社であれば300万円、株式会社であれば1，000万円が必要でした。資本金だけではなく、取締役や監査役の人数なども決められており、会社を作る時点で、ある程度の経営資源（お金や人）を準備する必要があったため、法人の方が信用力が高かったと言われています。

しかし、今、会社を作る場合、資本金は1円以上、取締役も1名以上いれば株式会社を設立することができるので、単純に、会社を作れば信用力が付くという訳ではありません。

その他の理由としては、商売の際には、法人でないと取引ができないような場合があり、法人の方が取引先や仕入先から信頼が得られやすいと事実があります。

ただ、美容室に関して言えば、取引先は一般のお客様で、仕入先のほとんどは美容ディーラーです。法人でないと仕入ができないというケースはまずありません。

メーカーと直接取引をする時やフランチャイズ店に加盟しようとして契約を結ぶ際に、法人であることを求められたというケースはありますが、どちらも個人事業でもできる場合があり、その都度ごとの契約次第ということになります。

結論からすると、契約で必要とされる場合を除き、美容室の社会的信用は、個人事業でも法人でも変わりません。

② 創業融資の受けやすさでの違い

これから美容室を開業しようとする人にとって、個人事業なのか、法人なのかを選ぶときに、できれば融資を受けやすい方が良いと思いますよね。先ほどの一般論のように、法人の方が『信用力』が高いと言われていますが、創業融資が受けやすいかどうかという点で比較すると、個人事業でも、法人でも、新規の融資である点はどちらも同じです。お金を貸す側からすると、個人事業でも法人でも事業としての過去の実績は当然ありません。

これからどんな事業をやろうとしているのか、個人として、または法人の代表者として、自己資金はどれだけあるのか、どんな経験をしてきたのか等が融資の判断材料となります。その上で、創業融資という制度の枠に入るかどうかで融資が受けられるかどうかが決まります。ですので、創業融資の受けやすさに関して言えば、法人を設立した方が融資を受けやすいということはなく、個人事業でも法人でも変わりはありません。

③ 責任の違い

責任という点で個人事業と法人を比較すると、個人事業は無限責任で、法人は有限責任となります。

創業融資を受けた場合を考えてみましょう。個人事業で創業融資を受けた場合、あってはならないことですが、万一、事業に失敗すると、創業融資で受けた借入金は、事業を廃止した後でも借入金が残っていれば、事業とは関係のない個人の自宅などを売却してでも返済する義務が残ります。事業の失敗が、個人の生活にも大きく影響します。創業して借り入れをするということは、それほど大きな責任を負うということです。

一方で、法人で創業融資を受けた場合、例えば日本政策金融公庫の一部の創業融資制度の中には、代表者である創業者自身の代表者保証を付けずに創業融資を受けることが出来る制度もあります。

つまり、万一、事業に失敗した場合には法人に返済義務は残りますが、会社の代表者には返済義務はありません。ただし、代表者保証を付けた場合には、万一、法人が借入金を返済できない場合は、代表者が変わって返済義務を負いますので、この場合は、個人事業と同じ無限責任となります。

代表者保証が求められないというのは、これから起業する方にとっては、とても魅力的に感じるかもしれません。会社に万一のことがあり、事業を廃業しなければならない状況になったとしても、会社の借入金の影響が代表者個人には及ばないということです。

責任という点では大きな違いはありますが、もちろん、個人返済の義務が無いなら法人の方が良い、という考えはお勧めできません。最初から負け戦を想定するようでは事業の成功はおぼつきません。

個人事業でも法人でも、外観は関係ありません。そもそもの事業として必ず生存できること、成長できることを前提とした美容室開業であることが大切です。

責任という点では、創業融資に関して、様々な変化が起きています。数年前までは、お金を借りるなら「保証人」が必要でしたが、その保証人制度が不要な融資制度が多くなっています。先ほどの代表者保証が不要というのも、その流れの一環です。以前に比べて、美容室の開業がしやすい環境になってきているのは事実です。

④ 設立手続きでの違い

美容室を経営する上で、個人事業でも、法人でもどちらでも経営することは出来ます。法人を作らないと美容室経営が出来ないということはありません。

個人事業として開業する場合の設立手続きは、税務署に届け出をするだけで事業を開始することが出来ます。具体的にどんな届け出をするかは第４章でご説明します。

一方、法人で事業を行うためには、会社設立の手続きが必要となり、設立手続きの費用と手間がかかります。設立手続きを終えてから、個人事業と同じように税務署への届け出を行います。

法人の場合は、税務署だけではなく、法人の本店所在地を所轄する都道府県税事務所や市町村（東京23区は不要）への届け出、社会保険事務所などへの届け出が必要になります。スタッフの採用があれば、個人事業でも法人でも、労働基準監督署やハローワークへの届け出が必要になります。

法人を設立するためには、

① 本店所在地、事業の目的、出資者、資本金、役員、決算期など会社設立に必要な項目を決定

② 会社名（商号）のハンコの作成

③ 定款の作成

④ 定款の認証

⑤ 資本金の払い込み

などの手続きが必要になります。

行政書士・司法書士に業務を依頼して、法務局に納める登録免許税などの費用を合わせると、株式会社で20万円から30万円前後の費用が必要になります。自分で書類作成から申請まで進めようとすると、1か月から2か月の期間は必要になります。個人事業と比べて、ずいぶんと費用と時間がかかってしまいます。法人で開業する場合は、その期間も考慮に入れながら開業準備を進める必要があります。

⑤ 個人事業と法人の社会保険の違い

個人事業で美容室を経営されている方が、個人事業から法人に経営形態を変える「法人化」するケースはたくさんあります。今、法人で経営されている方で、以前は個人事業で経営されていたという方も多いのではないでしょうか？

個人事業と法人では様々な違いがありますが、美容室経営に最も大きな影響を与えるのが社会保険の取り扱いと言えます。まずは、社会保険の取り扱いの違いについて見てみましょう。

社会保険の適用を受ける事業所を適用事業所と言います。法律によって加入が義務付けられている「強制適用事業所」と、任意で加入する「任意適用事業者所」に分けられます。

この強制適用事業所というのは、一般的には常時5人以上の従業員が働いている事業所と、5人未満でもすべての法人事業所が該当し、法律によって、事業主や従業員の意思に関係なく加入しなくてはいけません。

ということは、法人で美容室を経営した時点で強制的に社会保険に加入する義務が発生します。

一方、「任意適用事業所」は、個人で営む特定の業種の事業所のことをいい、従業員の人数に関係なく、社会保険は強制加入ではなくなります。

個人事業で美容室を経営して、従業員が5名以下であれば、社会保険に加入する必要がないということになります。

では、個人事業で従業員が5人以上となったら、社会保険の強制加入かと言えば、実はそうではありません。

個人事業の場合、社会保険の非強制適用となる事業として、農業、牧畜業、林業、水産養殖業、漁業などの第一次産業、ホテル、旅館、料理飲食店、理容理髪、浴場、洗濯、映画演劇、ダンスホールなどのサービス業、弁護士、会計士、税理士、社労士などの法務、宗教などが限定的に認められており、美容室も、この非強制適用となる事業に含まれています。

つまり、美容室は個人事業である限り、スタッフが10人、20人といたとしても、事業所としては社会保険の加入義務がないことになります。

もちろん、加入義務がないとはいえ、従業員の半数以上の同意を得ることができれば、任意で加入することもできます。

社会保険の加入自体は、お店の労働環境の向上や、スタッフ採用がしやすくなるなどメリットはたくさんあります。美容学校で求人を出す際にも社会保険の加入を条件としているケースも増えています。

事業所としての社会保険の加入のメリットはあるわけですが、社会保険に加入する場合とそうでない場合では、お店の金銭的な負担に大きな違いが出てきます。

個人事業で社会保険に加入しない場合は、事業主もスタッフも、国民健康保険、国民年金に自分自身で加入・支払いすることになります。各自が負担するわけなので、事業主の負担は自身の国民健康保険、国民年金分だけで、スタッフの分を事業主が負担することはありません。

一方で、法人の場合は、強制適用事業所となりますので、代表取締役である自分だけではなく、一定の要件を満たしたスタッフも社会保険の加入対象となります。会社として、代表取締役である自分だけではなく、スタッフの社会保険料の会社負担分を法人として支払うことになります。

個人事業で任意加入した場合は、事業主自身は社会保険に加入できず、一定の要件を満たしたスタッフだけが加入することになります。

法人で社会保険に加入するのと、個人事業で社会保険に加入するのでは、事業主が社会保険の加入対象となるか、否か？　という点が大きく異なります。お店で一番給与・報酬が高いのは、事業主です。その事業主分の保険料の負担があるか、ないかは、とても重要なポイントです。

社会保険に加入をした美容室経営というのは理想的な姿ではありますが、社会保険料の負担を考えると、経営が軌道に乗るまでは法人での美容室経営はあまりお勧めしていません。

個人事業で任意加入する場合は例外として、この社会保険料の負担の違いが、美容室経営の利益状況に大きく影響を与えています。

法人で美容室を経営するとは、社会保険に加入するということを意味します。開業当初から法人を選ぶ場合や、個人事業から法人に切り替える場合には、必ず社会保険料の負担を事業計画に織り込む必要があります。

法人は社会保険の強制適用事業所であること。これから開業する方にとっては、当たり前の事として認識して下さい。

実は、法人であるにも関わらず、社会保険の加入逃れの疑いのある企業はなんと全国で79万社あると言われています。２０１６年4月以降は企業版のマイナンバー（法人番号）を活用して、きちんと加入するよう国として動き始めています。国から文書や電話による要請や訪問指導が行われ、何度も要請しても加入しない悪質な法人に対しては、立入検査に入って強制的に加入させる方針です。

法人にした方が節税になる、得をする、融資が受けやすくなる、スタッフが採用しやすくなる、など1つの側面だけで判断すると大変なことになってしまいます。

こんなはずじゃなかった。そんなことにならないように、個人事業と法人の社会保険の取り扱いの違いをしっかりと認識しておきましょう。

⑥ 個人事業と法人の税金の違い

個人事業で経営するのと、法人で経営するのでは、発生する税金の種類が変わります。

個人事業者が納める税金の種類は、所得税、個人事業税、住民税があり、消費税の課税事業者に該当する場合は消費税を納める必要があります。また、美容室の内装など、所有する固定資産に対して償却資産税などの税金がかかります。厳密にいえば他にも税金はありますが、一般的な税金だけをご紹介します。

所得税の税率は、5%から45%（平成28年4月1日現在法令等）になっています。課税される所得金額が高いほど所得税が高くなる累進課税方式を採用しています。

美容室を開業した当初、ほとんどの場合で初期投資が大きいなどの理由から結果として所得税率は低い水準で納税することが多いです。けれども、2年目、3年目と経営が軌道に乗り始めると、累進課税を採用していることから、利益の増加とともに税率が上がり、所得税の負担感が増すという傾向にあります。これは経営が軌道に乗っている証拠でもあるのですが、所得税の税率が上がることで、税金対策も経営の大切な要素になってきます。

法人の場合は、法人税、復興特別法人税、法人住民税、法人事業税、地方法人特別税、個人事業と同じように消費税の課税事業者となれば、消費税の納税が必要になります。また、法人で所有する固定資産に対して償却資産税が課税されます。

法人税は15%から23.9%（平成27年4月1日以後開始事業年度）となっています。この個人事業にかかる所得税と法人税の税率の差を比較して、法人の方が節税になるという考え方もあります。

(1)所得税と法人税の税率の差を使った節税

例えば、個人事業（青色申告）の場合で、売上から経費を差し引き、税金が課税される課税所得が５００万円だったとしましょう。

分かりやすく比較するための税金を計算する際に使用する所得控除などは同じ条件とします。この個人事業の所得にかかる税金は所得税で約38万円。

もし、この事業を法人でやっていた場合、個人事業と異なり、法人の場合は、代表者である代表取締役には役員報酬を支払うことが出来ます。役員報酬を５００万円と設定していれば、法人の利益は０円となります。

法人の場合は、赤字であっても法人住民税等の均等割りだけは納税する必要がありますので、必要な税金は、この均等割りの金額（例えば7万円）と、役員報酬にかかる源泉所得税の約21万円となります。合計で約28万円。個人事業と比べて、約10万円少なくなります。

所得が増えれば増えるほど、この差が大きくなります。さらに、１，０００万円の場合を見てみると、個人事業（青色申告）の場合で、所得税は約１４６万円となり、法人で役員報酬を１，０００万円として法人の利益は０円だった場合は、均等割りの金額（例えば7万円）と役員報酬の源泉所得税の約１０９万円、合計１１６万円となり、約30万円の差が生まれてきます。これに市民税を加味するとさらに影響は大きくなります。

この差が生まれる理由は、所得税が累進課税制度を採用していることと、もう1つは、給与としてもらうことで給与所得控除という税金を計算する上で、控除してくれる部分があるためです。所得税と法人税の税金の計算される仕組みの違いが、法人にした方が節税になるといわれる大きな理由です。

(2) 消費税の違い

消費税は、個人事業でも法人でも、免税事業者以外は同じように納税する必要はあります。

消費税を納税する必要のない免税事業者というのは、その課税期間の基準期間における課税売上高が1，000万円以下であれば納税の義務が免除されています。法律の文言ですから少々ややこしいですが、この納税義務が免除される事業者となるかどうかを判定する基準期間というのが、個人事業の場合は原則として前々年の課税売上高のことを言い、法人の場合は原則として前々事業年度の課税売上高のことを言います。

基準期間が1年に満たない法人の場合は、原則として1年相当に換算した金額により判定されます。新しく設立された法人については、設立1期目及び2期目の基準期間がないため、原則として納税義務が免除されます。ただし、基準期間のない事業年度であっても資本金の額や出資の金額が1，000万円を超える場合や特定新規設立法人に該当する場合には、納税義務は免除されません。

個人事業で美容室を経営する場合を考えてみましょう。

例えば、平成28年7月1日にお店をオープンし、その年の12月31日までの売上高が900万円（税込）だったとしましょう。月額平均150万円前後の売上になります。その年の課税売上高は1，000万円以下となりますので、開業初年度の平成28年と、翌年の平成29年、翌々年の平成30年は消費税の免税事業者となります。設立2年目も同じような平均売上高だとすると、2年目の年間の課税売上高は1，800万円となります。1，000万円を超えますので、この年の平成29年とその翌年の平成30年は免税事業者、翌々年の平成31年から消費税の課税事業者となります。初めての消費税の納税は平成32年3月31日となります。

個人事業者の場合は、年間の課税売上高が1，000万円を超えた年の2年後から消費税課税事業者となると考えて下さい。

注意が必要なのは、開業初年度の7月1日以前に、もし、面貸サロンなどで個人事業主として業務を行っていた場合には、その年の1月1日から6月30日までの面貸としての売上も含めて課税売上高を判定する必要があります。面貸ではなく給与を貰っていた場合には、受け取った給与の額は課税売上高には含まれません。お店のオープン日以降だけで判断してはダメということです。

先ほど説明したとおり、法人の場合は、個人事業とは異なり取扱いが複雑です。開業当初から法人を選択する場合は、資本金の金額や事業年度など、いつから消費税課税事業者となるのかを十分に検討しながら準備をすることが大切です。

(3) 消費税の免税期間を活用した法人化のタイミング

個人事業で美容室経営をされている方から、「いつ法人化するのが良いですか?」と聞かれることがあります。法人化するメリット・デメリットとして、それぞれ個人事業と法人の違いをしっかりと理解した上で法人化するかどうかを判断する必要がありますが、消費税の観点からすると、最も多いのは、個人事業の前々年の課税売上高が1,000万円を超えた課税期間の終り頃となります。

その理由は、法人化の際に個人事業として所有している美容室の内装設備や美容機材などを、法人で減価償却するために売却するケースが多いのですが、消費税課税事業者である時点で売却をすると、その売却価格に消費税が課税されてしまうためです。

免税事業者である期間中に法人として売却すれば、もともと消費税を納める義務がないため、消費税の納税が発生しません。

また、個人事業でも法人でも、要件に該当すれば消費税の課税事業者となる点では同じです。そうであれば、個人事業としての免税期間と法人としての免税期間の両方を使えば、事業全体としては消費税を少なくすることができます。

以前は、原則として2年間消費税が免税とされていましたが、平成25年1月1日以後に開始する課税期間から、基準期間における課税売上高が1，000万円以下であっても、特定期間における課税売上高及び特定期間に支払った給与等の額がいずれも1，000万円超となるような場合には、その年の又はその事業年度の消費税の納税義務は免除されず課税事業者となるという要件の見直しが行われました。

この特定期間とは、個人事業の場合は、前年1月1日から6月30日まで、その事業年度の前事業年度（7月以下であるものそのほかの政令で定める「短期事業年度」を除く）がある法人の場合は、当該事業年度開始の日以後6月の期間となります。

個人事業の場合は、自分自身の給与がないため、特定期間の課税売上高が1，000万円を超えることはあっても、給与等の額が1，000万円を超えることは少ないです。なので、多くの場合で2年間免税を取ることができます。

法人化した場合には、この特定期間で役員報酬の設定の影響で1，000万円を超える場合には、法人1期目だけが消費税の免税となり、2期目から課税事業者となる場合があります。

法人化するタイミングで、2期目が免税とならないと分かっている時は、1期目の決算期を7か月と変更することで短期事業年度の適用となり、1期目が特定期間に該当しなくなり、1期目も免税事業期間、2期目も免税事業期間とすることができます。

消費税の免税期間という点を考慮すれば、当初から法人で経営するよりも、個人事業でスタートして、後に法人化すると、結果として消費税の免税期間が長く取れる＝消費税の納付税負担を抑えられるということになります。

⑦ 事業が赤字になった場合の違い

個人事業で青色申告の方に限りますが、個人事業の場合は、美容室経営で赤字になった場合、その赤字の金額を翌年以後3年間に渡って繰り越すことができます。青色申告ではなく白色申告の場合は、この損失の繰り越しができないので注意が必要です。

法人の場合も同じく青色申告法人に限りますが、平成20年4月1日以後に終了した事業年度から平成30年4月1日前に開始する事業年度において生じた欠損金額については9年間、平成30年4月1日以後に開始する事業年度については10年間繰越することができます。

個人事業で開業する場合の初年度は、多くの場合、開業に関する費用が多額にかかり、その年の後半に開業する場合には特に、事業が赤字となる場合があります。青色申告の事業者であれば、2期目に生まれた事業の利益と1期目の赤字を相殺することができます。

ちなみに、個人事業で発生した赤字を残したまま法人化してしまうと、この赤字の金額は法人には引継ぎ出来ず、切り捨てられてしまいますので注意が必要です。

6 ほとんどの人がやらない集客方法

美容室の集客方法といえば、ホットペッパービューティーや楽天ビューティー、ミニモなどの集客サイトへの掲載、お店のホームページ、ブログなどのSNS、お店専用のアプリ、フリーペーパー、地域情報誌への掲載、折り込みチラシ、ポスティング、などがあります。

これから美容室オープンという時にどんな集客方法を選ぶべきなのか？

やってみたけど期待した効果が出なかった、ではダメです。オープン段階から経営を軌道に乗せるために、確実に成果が見込まれる集客方法を選ばなければなりません。

どんな集客方法を選べばよいのか、それぞれの特性を理解した上で選択をするわけですが、その前に、どんな選択をすれば良いかの判断基準が必要になります。

そこで、まずは知っていただきたい告知と広告の考え方をお伝えします。

① お客様はあなたのお店のことを知らない

お客様はあなたのお店のことを知りません。当たり前の話ですが、お客様があなたのお店を知らないと売上も上がりません。

美容室は商売の種類で言えば、サービス業にあたります。サービス業というのは他の商売にはない特徴があります。

その特徴というのは、『ニーズが潜在化している（隠れている）』ということ。分かりやすく言えば、お客様からすると、いつも必要としている訳ではなく、必要になった時に初めて、お店を探し始めるという特徴です。

つまり、お客が欲しいと思った時に、あらかじめ、あなたのお店のことを知っていないとお店に来店して頂けません。

髪が切りたい、カラーがしたいと思った時に、あなたのお店の存在を知っているということが必要になります。これを事前告知といいます。美容室で集客するには「事前告知」が必要です。

反対に、利用頻度の高いスーパーなどの小売業はニーズが顕在化（表に出ている）しています。

イオンなどのオープン広告が入ると、ちょっと行ってみよう、となりませんか？　でも、美容室のようなサービス業では、本日オープンという広告を見ても、ちょっと行ってみようという事にはなかなかなりません。極端な例で言えば、葬儀屋さんやお医者さんも、オープンしたからといって、よし行こう！　なんてことにはなりません。いざという時になって初めて葬儀屋さん、お医者さんを探しますが、その際、サービス内容よりも〝知っているお店かどうか〟が重要な選択基準になると思います。

美容室は事前告知が必要な業界です。事前告知をしないとお店の存在を知ってもらえない、つまり、売上があがらない。そして、事前告知が効いているお店ほど、より有利な経営をすることができます。

②「告知」と「広告」の意味の違い

「告知」というのは、お店の商圏の中にいる不特定のお客様に「存在」を伝える事。「広告」とは、同じく商圏の中にいる不特定のお客様に、「お店の良さ」を伝える事です。それぞれ意味が違います。

美容室の開業の時にすべきことは、まず事前告知です。伝えるべきは、お店がそこの「在る」という存在情報。

いつオープンするのか、連絡先、営業時間、料金はいくらなのか、どんな客層なのかをまずは知ってもらう必要があります。

「広告」ですべきことは、「お店の良さ」を伝える事です。

さて、これから開業するお店の良さとは何でしょうか？　ほとんどの場合、自分のやりたいこと、こだわり、売りたい商品、サービスを書いてしまいます。

「広告」で書くべき「お店の良さ」というのは、自分のやりたいこと、こだわりではなく、お客様の困っていることを解決できるということ。これを書くべきです。私のお店は、お客様のこんな困り事が解決できます！　というのが、「お店の良さ」です。

そもそもお客様を１００％満足させることは出来ません。これは大手でも出来ません。１００％の満足は無理でも、お客様の困りごとは解決できる。この良さをしっかりと伝えられるかどうかが、広告を成功させるカギになります。

これから開業をするお店にとって、良さの発見は難しいです。これがお店の良さだと自分で思っていても、お客様が良さだと判断してくれなければ伝わりません。オープンの段階でお店の良さが見つからなくても、これから作り上げていくという意欲を正直に伝えることが大切です。

お店の良さを常に考えながら、美容室の開業から半年、1年と経過し、お客様がお店に来店してくださる理由をヒアリングしてください。お客様がお店を選んでくれる理由が、お客様に伝わる本当のお店の良さなのです。

③　商圏距離と広告媒体の関係

美容室の集客で使う広告媒体には様々な種類がありますが、どんな媒体を使うのかは、商圏距離によって使い分けをする必要があります。

自分のお店を中心として、左に行けば行くほど商圏エリアが広くなります。

① 看板
② ポスティング
③ 折り込みチラシ
④ タウン誌
⑤ ラジオ
⑥ テレビ

原則としては、この順番になります。

インターネットは、世界中どこからでも情報にアクセス出来ますので、商圏にとらわれません。情報の出し方次第で、全世界に向けても、また、限定した地域に向けても、情報発信することが出来ます。

美容室の集客で使われる媒体として、ポスティング、折り込みチラシ、タウン誌などへの掲載。そして、ホットペッパービューティーなどのインターネットを使った集客媒体への掲載。ほとんどがこのパターンになります。

不思議なことに、お店から近いエリアで、もっとも効果の高い媒体は「看板」であるにも関わらず、この「看板」を集客ツールとして考えている美容室は現実には少数です。

開業相談を受けた時に、私が看板による告知の話をしても、集客はしたいけど、集客ができるようなデザインの看板作りにはあまり関心を持てないという方がほとんど。これから開業しようとする方で、初めから看板で集客しようと考えている人には出会った事がありません。

看板による集客を考えている人というのは、大手のやり方を知っている人です。大手は、このエリアと広告媒体の関係を知っています。チェーン展開しているような来店型サービス業で、看板告知をしていない大手のお店はむしろほとんどありません。来店型サービス業で、看板告知をしていないのは美容室くらいではないでしょうか。

④ お客様が美容室を選ぶ理由を知っていますか？

お客様が美容室を選ぶ理由は何だと思いますか？

技術なのか、サービス内容なのか、経営者の立場から考えると、ものが見えにくくなります。お客様の立場で考えるために、客観的なデータから見てみましょう。

まずは、日本政策金融公庫が２０１２年７月に作成した『美容店に関する消費者意識と経営実態調査』からのデータになります。

美容店を利用する際のきっかけは、

「自宅、職場、学校から近いので」が46．3％と最も多く、以下、「家族、友人、知人から勧められて」（31．6％）、「お店の前を通りかかって」（16．2％）となっています。これが上位3位の内容になります。

「お店の前を通りかかって」という人も、徒歩か、自転車か、車の区別はこの統計からは分かりませんが、どちらにしてもお店近辺が生活エリアになっている可能性が高いです。そうすると、「自宅、職場、学校から近いので」と「お店の前を通りかかって」の2つを合わせた62．5％の人の理由が、「近い」ということになります。

約60％の人は、お店から近いという理由で、美容室を選んでいるという統計データになります。もちろん、自分のお店のために遠くから来店して頂けるお客様もいるのは事実です。

けれども、大切なことは、ほとんどのお客様が美容室を選ぶ理由に「近さ」をあげているということです。

もう1つのデータを見てみます。こちらは株式会社リクルートライフスタイル　ホットペッパービューティーア

【図表1-6-1】消費者意識調査　美容室を利用するきっかけ

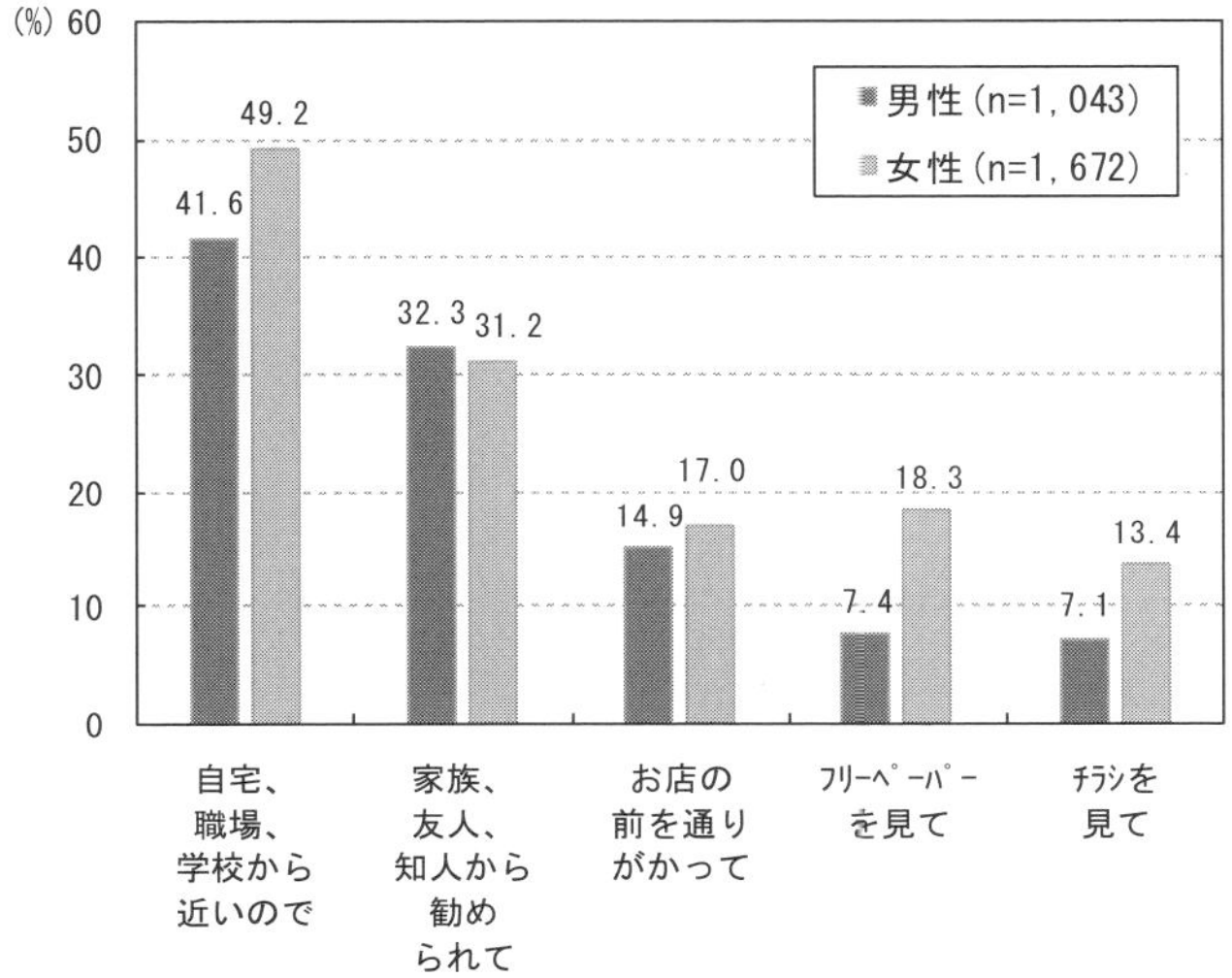

※日本政策金融公庫　国民生活事業部　生活衛生融資部『美容店に関する消費者意識と経営実態調査』

カデミーより『美容センサス2016年上期報告書』の中から、『初回来店時にお店選びで重視したポイント』からのデータです。

【美容室】【男女】初回来店時にお店選びで重要視したポイント（サロン利用者）

- 【女性】「自宅から近い」が40．0％で最も高く、次いで「料金がリーズナブル」（36．4％）、「料金が明確」（29．8％）が高い。
- 【男性】「自宅から近い」が33．3％で最も高く、次いで「友人・知人の口コミが良い」「料金がリーズナブル」（26．9％）が高い。

こちらのデータからも、女性、男性ともに、「自宅から近い」というのが最も大きな割合になっています。そして、次に料金がリーズナブルか、価格が明確であることが高いポイントになっています。

どちらの統計データからみても、お客様がお店を選ぶ理由というのは、「近さ」が最も大きな理由になっていることが分かります。

先ほどの商圏距離と広告媒体の関係で書きましたが、エリアが近い順に広告の効果が高いのが「看板」です。

ご近所のお客様に対して最も効果を発揮する集客ツールである「看板」ですが、美容室を利用するお客様のほとんどが「近さ」を理由に選んでいるにも関わらず、その看板による集客をほとんどしていないのが現実です。

看板だけで毎月新規の方が5人、10人と来店していただけたら、どれほどありがたいことか。ちゃんと集客できる看板であれば、実現可能な数字です。

その上で、ネットの検索サイトへの掲載、ポスティング、地域雑誌への掲載をすれば、より効果は大きくなります。厳しい競争状態にある美容室の中で、必ず生存できる美容室を作る上でも、お客様の目線に合わせた集客方法を選ぶことはとても重要な事です。

美容室の看板ならちゃんとありますよ！　という方は多いのですが、残念ながら、集客に結び付くような看板を作っている方は少ないです。自分の目で、いくつかの美容室の看板や外観を見てください。中には、美容室であることすら分からないお店もあります。看板があっても、美容室と小さく書かれていたり、読めなかったり、そもそも書かれていなかったり。

どんな看板が良いのか？　の答えはとても簡単です。自分がお客様の目線になって、道路を車で走ったり、歩いたりしてみてください。

分かりやすい看板と、そうでない看板の違いは明確に分かります。大手の看板が如何に分かりやすく作られているのかに気づくと思います。成長している大手は、当たり前のように使っている集客方法。

大手と自分の作りたいお店は違うという考え方を一旦外して、より有利な美容室経営ができるお店作りを目指してください。

第2章

美容室開業で使える創業融資

1 美容室だけが使える融資制度がある

美容室を開業する時に利用する創業融資の制度としては、

① 日本政策金融公庫
② 信用保証協会付き融資
③ 民間金融機関で信用保証協会の保証を付けない通常融資（プロパー融資）

の3つがあります。

ここでは、当事務所の美容室開業サポートで多くの融資のお手伝いをしている日本政策金融公庫の融資制度と信用保証協会付き融資を中心にご紹介します。

【日本政策金融公庫の融資制度】

日本政策金融公庫の融資には、たくさんの種類の融資制度があります。これから事業を開業するという方が使える融資制度として、「新規開業資金」という融資制度があります。

けれども、実は美容業の方はこの融資制度を使えません。その理由は、この融資制度に業種制限があるためです。業種や環境によって使える制度が変わってきます。

そこで、日本政策金融公庫の創業融資の中で、美容室の開業融資で使える制度をピックアップしてご紹介します。

(1) 生活衛生貸付『一般貸付』単独で融資する人向き

美容室の創業融資で、最もスタンダードな融資制度です。会計事務所や認定経営革新等支援機関などの専門家のサポートを受けずに、単独で融資の申し込みをする場合に使われる融資制度です。

日本政策金融公庫のホームページに融資制度一覧がありますが、この中には、融資限度額、融資期間が記載されています。注意が必要なのは、ここに記載されているからといって、その金額まで借りられるという訳ではありません。例えば、「一般貸付」の借入限度額は、7，200万円から4億8，000万円まであります。生活衛生関係の事業には美容業以外にも旅館や浴場なども含まれており、業種により上限額が決まっています。ちなみに美容業の上限は7，200万円。ここからさらに条件が付きます。お金を借りる時に、土地などを担保として提供する場合は、7，200万円が上限ですが、担保を提供しない、いわゆる無担保の場合の上限金額は3，000万円になります。

土地を担保に提供するというのは、万が一、借りたお金が返せなくなった時に、お金を借りる時に担保として提供した土地を金融機関が売却して、返済にあてるという制度です。

大きなお金を借りるためには土地などを担保として入れることは必要かもしれませんが、できる限り、無担保での融資を選択したいです。

要件の中に、自己資金要件が10分の1以上とありますが、これは希望の金額を借りるために最低限用意すべきお金になります。事業予算の総額が3，000万円であれば、10分の1の300万円以上は自己資金として準備が必要で、不足する2，700万円を融資で調達するという意味です。

貸付限度額	3,000万円（無担保）
返済期間	13年
自己資金要件	10分の1
金利	1.96%（平成28年12月9日時点）

もちろん、３００万円自己資金として用意すれば、２，７００万円の融資が受けられる訳ではありません。実は、この自己資金要件というのは以前、総事業費の3分の１以上とされていました。以前はお金を借りる時は保証人も必要でしたので、以前と比べると創業融資は利用しやすくなっています。

(2) 女性、若者／シニア起業家支援資金　単独で融資　女性又は30歳未満か55歳以上の方向き

融資を申し込む方が、女性か、年齢が30歳未満もしくは55歳以上であれば、こちらの融資制度が使えます。

この融資制度は、設備資金と運転資金とで返済期間が分かれています。設備資金というのは、美容室の内装工事、看板、テナント物件の保証金、シャンプー台、セット面などの機材設備に使用する資金で、運転資金とは、商品仕入れ、経費支払資金などに使用する資金です。美容室の開業資金の中で最も大きな費用は内装などの工事費用、機材に関する費用です。

女性であること、年齢が30歳未満もしくは55歳以上という条件が合うだけで、先ほどの「一般貸付」と比べると、返済期間が設備資金で2年長くなり、金利が0．5％低くなります。

日本政策金融公庫の融資制度は国の政策の影響を大きく受けます。女性の社会進出や、若者、シニアの起業を国として積極的に応援するという背景の下で、融資の条件が一般の制度よりも優遇されています。

本来であれば、20代の若い方がお金を借りるというのは事業経験を考えると難しいのが現実です。しかし、女性、若者、シニアなどに対する社会的要請に応えるという点で積極的な融資を行っているのが日本政策金融公庫の特徴です。

貸付限度額	3,000万円（無担保）
返済期間	設備資金　20年 運転資金　７年
自己資金要件	10分の１
金利	1.46％（平成28年12月9日時点）

(3) 振興事業貸付　美容組合に加入する方だけが使える融資制度

この融資が使える条件は、生活衛生同業組合の組合員であることが必要になります。要するに、美容組合に加入している方が使える融資制度です。もちろん、融資を受ける段階では未加入ですから、美容組合に加入することを前提としていればこの制度を使うことが出来ます。

この融資制度は、通常の金利設定だけではなく、女性であること、又は30歳未満である場合には、さらに金利が低くなります。多額の投資が必要な設備資金に関する金利設定が低いので、美容組合に加入することを検討されている方にはお勧めの融資制度です。

融資を受ける時だけ、組合に加入すれば良いのですか？　という質問を受けたことがありますが、この制度が受けられる条件というのは、あくまでも美容組合の組合員ということになります。融資を受ける時だけ美容組合に加入するというのは認められません。

もし、この融資制度を使って融資を受けた後、組合を脱退した場合には、日本政策金融公庫から既に借りたお金の一括返済を求められたり、一般の融資制度で借り入れた場合の金利設定で契約しなおしとなる可能性があります。

常識的に考えれば、借入をして、内装工事などの業者にお金を支払った後ですから、一括返済などは不可能に近いです。また、差額の金利の支払いに関しても、資金繰りを一気に悪化させてしまいます。

そもそも、借入をした時の約束を破れば確実に信頼を失ってしまいます。今後の取引にも影響が出ますので絶対にしてはいけません。

貸付限度額	3,000万円（無担保）
返済期間	設備資金　20年 運転資金　７年
自己資金要件	10分の１
金利	設備資金　0.91％ 運転資金　1.81％（平成28年12月９日時点）

【信用保証協会付き融資制度】

日本政策金融公庫との大きな違いが2つあります。１つ目として、信用保証協会が直接お金を貸してくれるわけではありません。お金を貸してくれるのは、あくまで民間の金融機関です。民間金融機関でお金を借りるためには事業としての信頼が必要ですので、これから事業を開始する方にとって土地などの担保がなければ、ほぼ融資を受けることは出来ません。金融機関はお金を貸すことが商売ですから、本当は融資がしたいわけですが回収不能のリスクが高い新規開業者に対しては、どうしても慎重にならざるを得ません。

そこで、借入申し込み者の保証人となることで、金融機関が安心してお金を貸せるようにする役割を持っているのが信用保証協会です。

信用保証協会に保証人となってもらうために、金融機関に支払う金利だけではなく、信用保証協会に対して保証料を支払います。日本政策金融公庫でお金を借りる場合は、この保証料は必要ありません。これが2つ目の違いになります。

信用保証協会付き融資が受けられるかどうかは、金融機関に融資のＯＫを出してもらうというよりは、信用保証協会からの保証を付けてもらえるかどうかに掛かっています。

信用保証協会の保証が付いているといっても、金融機関のリスクはゼロではありません。

万が一、返済が出来なくなってしまった場合には、原則として、信用保証協会が80％、金融機関が20％の割合で責任を共有することになります。

信用保証協会付き融資の内容は、各都道府県により多少の違いはありますが、創業を支援する保証制度として創業関連保証、新事業創出資金といった制度があります。

信用保証協会の融資を受ける際の注意点としては、許認可が必要な業種の場合、保証決定時には許認可をすでに

創業関連保証

融資が使える人	創業者又は創業者である中小企業者
貸付限度額	1,000万円（支援創業関連保証は1,500万円）
保証期間	設備資金　10年以内 運転資金　10年以内
貸付金利	取扱金融機関の所定の利率
返済方法	均等分割返済
保証料率	一律　年0.8%
担保	不要
連帯保証	原則として法人代表者以外は不要

創業等支援資金

融資が使える人	創業者又は新規中小企業者
貸付限度額	2,500万円 対象の内、1,000万円を超過する金額については、自己資金と同額が限度
保証期間	［運転資金］ ２年以上３年以内　年1.2% ４年以上５年以内　年1.3% ６年以上７年以内　年1.4% ［設備資金］ ９年以上10年以内　年1.5%
貸付形式	証書貸付
返済方法	均等分割返済
保証料率	一律　年0.79%
担保	不要
連帯保証	原則として法人代表者以外は不要

新事業創出資金

融資が使える人	市内で開業する会社又は個人で、①から③のいずれかに該当すること ①事業を営んでいない個人で、１か月以内に新たに開業するか、又は２か月以内に新たに会社を設立すること ②事業を営んでいない個人で、新たに開業又は会社を設立してから５年未満であること ③会社が、新に会社を設立（分社化）しようとするか、又は、新たに設立（分社化）された会社で設立の日以後５年未満であること
貸付限度額	2,500万円（特定創業支援は3,000万円） ただし、①の内、新たに開業する場合で1,000万円（特定創業支援を受けた場合は、1,500万円）を超える部分については、自己資金を限度とする。
保証期間	［運転資金］ ５年以内　年1.3% ７年以内　年1.4% ［設備資金］ 10年以内　年1.5%
返済方法	均等分割返済
保証料率	一律　年0.79%

※平成28年12月時点の金利等の情報です。

受けている必要があります。

美容室の場合は、保健所の許可がこれに当たります。保健所に申請中であっても融資の申込は可能ですが、保証決定時には保健所の認可が必要になりますので、資金が必要になるタイミングには注意が必要です。

日本政策金融公庫と信用保証協会付き融資のどちらが良いですか？　と聞かれることがありますが、まずは金利などの条件面で比較をすると良いです。借りられるのならどちらでも良いという方もいますが、金利の差や借入できる金額の上限、返済期限などにより、今後の美容室経営の資金繰りに大きく影響を与えます。

○信用保証協会に支払う保証料や日本政策金融公庫、金融機関に支払った金利の一部が戻ってくる?

地域により取扱いが異なりますが、一部の市町村では、この信用保証協会に支払う保証料や日本政策金融公庫や金融機関に支払った金利の一部を補助してくれる制度があります。

信用保証料補助制度として、支払った保証料の内、借入をした額に応じて最大20万円の補助が受けられる制度や、創業から3年間の金利負担分の内、最大10万円まで補助する、といった制度があります。

こういった制度は、それぞれの市町村独自の制度となりますので、信用保証料補助制度、創業支援利子補給補助金などの制度が自分の地域にあるかどうかを金融機関の窓口、市役所などに確認すると良いでしょう。

2 自分で申請するよりも得する融資制度を知っていますか？

日本政策金融公庫の制度の中で、美容室の創業融資で使われる3つの融資制度をご紹介しました。

これらの融資制度は、基本的にはご自身で融資の申し込みをする場合に使う融資制度ですが、実は、ご自身で申し込みをする場合には使えない融資制度があります。

それが、『中小企業経営力強化資金』という融資制度です。当事務所のような外部の専門家（認定経営革新等支援機関、以下、認定支援機関）に、新事業分野の開拓の為の事業計画の指導、助言を受けて、融資の申込をする場合に限り、この制度を利用することが出来ます。

この中小企業経営力強化資金のメリットは、

① 自己資金要件がない
② 金利設定が低い
③ 借入面談での認定支援革新等支援機関の立ち合い
④ 融資の採択率アップ
⑤ 融資スピードの短縮

があります。

① 自己資金要件がない

この融資制度には、自己資金要件がありません。自己資金要件がないというのは、理屈の上では、自己資金が0円でも融資が受けられるということになります。

公庫の条件としては自己資金要件がないので、自己資金0円でも金融機関の審査テーブルに乗せることはできますが、この制度の条件である認定支援機関が経営計画に「認定」を付ける時点で、開業にあたっての準備不足を指摘される可能性が高いです。

他の融資制度では、自己資金があることが信頼の評価基準の1つとなっていますが、この制度では、認定支援機関のサポートを受けることが信頼の基準となっています。認定支援機関も認定を付ける以上は、開業の準備と将来計画についてしっかりと確認を行います。

この制度のメリットは、自己資金が0円でも大丈夫ということではなく、他の制度のように、自己資金の金額によって借入の上限金額が決まるという制限を受けない点にあります。

② 金利設定が低いこと

一般貸付と比べると、0.45%金利が下がります。女性、若者の場合はさらに金利が低くなります。融資を受ける時、お金を貸してくれるなら多少の金利の違いは気にしない、

貸付限度額	4,800万円（無担保）
返済期間	設備資金　20年 運転資金　7年
自己資金要件	なし
金利	1.51% 女性、30歳未満の方の場合は、1.01% （平成28年12月9日時点）

という方もいるかもしれませんが、融資を受ける金額は１，０００万円、２，０００万円など多額で、返済期間も10年、15年と長期に渡ります。ここでの金利の違いは、返済期間中の支払総額を比べてみるとかなりの大きな差になります。

（※平成28年12月時点　融資申請時期により金利等の条件は変わります）

③　借入面談での認定支援機関の立ち合い

融資面談を行う際は、一般的には、日本政策金融公庫に出向き、担当者とマンツーマンで借入面談を行います。はじめて借入をする方と、お金を貸すプロとの面談。当たり前ですが緊張の場面です。面談の対応力で融資の可否が決まることももちろんあります。私達も認定支援機関として借入面談には一緒に立ち合います。

当事務所の場合は、お客様の都合次第ですが、基本的には当事務所に公庫の融資担当の方に来ていただいて、３者で面談を行います。

④　融資の採択率アップ

日本政策金融公庫との借入面談の前に、認定支援機関と面談をすることになります。その面談の中で、美容室の事業計画についての内容確認や評価などを実施しています。

事業計画の妥当性、借入金額の妥当性など、細かな打ち合わせを行った上で、融資の申込で必要となる資料の事前確認を行っていますので、自分一人で融資申請する場合と比べると、格段に融資の採択率は上がります。

⑤ 融資スピードの短縮

一般的に融資の申込から融資決定を受けるまで1か月から2か月程度の期間が必要になります。時間がかかってしまう原因として、事業計画の妥当性を判断するための根拠不足であったり、借入希望額が多すぎると判断され、事業計画の見直しを行ったり、追加資料の提出などで手間取ってしまうためです。

認定支援機関のサポートが付くことで、いわゆる融資申し込みの入り口が変わります。認定支援機関は、美容室が開業した後も事業の支援をする必要があり、開業時だけ融資が通れば良いという無責任なサポートは出来ません。当事務所の場合は、特に、必ず生存する美容室開業をサポートすることを使命としていますので、事業計画の根拠、返済可能性については特に念入りに確認を行います。

融資スピードとしては2週間から1か月前後。極端に早いケースとしては、午前中に借入面談を行い、当日の夕方には融資通過の連絡を受けたこともあります。融資のスピードに関しては、公庫と認定支援機関との信頼関係が大きく影響します。

○信用保証協会付き融資でも使える認定支援機関のメリット

信用保証協会付き融資でも、認定支援機関の支援を受けて融資申請をすると、信用保証料の保証料が減免される制度があります。減免率は、概ね0．2%となります。

条件としては、金融機関及び認定支援機関の支援を受けつつ、自ら事業計画の策定並びに計画の実行及び金融機関への計画の進捗報告を行う方が対象となります。

美容室をこれから開業しようとする方の中には、最初は税理士をつけずに自分で経理、税金の申告をやろうという方が多くいらっしゃいます。先輩から最初は自分でやった方が良いと言われる方もいます。

「自分でやる」ということは大切な事です。最初の数年は、開業資金の借入から、経理作業から税金の申告まで自分でやって、という意見は分からないでもありません。

けれども、融資制度や補助金、助成金の情報など、開業前から知っている人と、知らない人では、経営をする上で、あまりに大きな違いが出てしまうのが現実です。

これから開業しようとする人、開業したばかりの人と、長年経営をしている人では、どちらが経営をする上で有利な情報を手に入れることができるか、その答えは明らかです。

情報が入りにくい時期だからこそ、最初の数年間は税理士、社労士、認定支援機関などの外部のサポートを受けることをお勧めします。

競争の厳しい美容室経営で勝ち残るためには、開業の段階からどれだけ有利な選択を出来るかが、とても重要なテーマになります。

3 創業融資のスケジュール
初めての相談から、申込、お金が入金されるまでの流れ

① 公庫や金融機関に相談に行くのはいつが良いのか？

いつか美容室を開業したい。でも、まだ開業の時期は具体的に決まっていない。そんなときでも、まずは公庫や金融機関などの相談窓口に行ってみることをお勧めします。ただし、今すぐの借入ではなく、開業に向けての準備であることをしっかりと伝えてください。

ここでの目的は、将来、自分が創業融資を受けることを具体的にイメージする為です。

これからどんな準備が必要なのか。将来、この場所で融資を申し込みすることを想定しながら、そのスタート地点に立つ気持ちで相談してみると良いです。

けれども、絶対にしてはいけないのは、融資が通るかどうかを確認するために、とりあえず借入申込をしてみることです。

相談だけでなら良いのですが、融資の申込をすると、金融機関に申込履歴が残ります。この段階で融資が難しいと判断されてしまうと、半年から1年間は融資が難しくなりますし、将来の融資審査の時に審査に落ちたという実績がプラスに働くことはありません。

この時期は、とにかく情報収集が大切です。金融機関だけではなく、商工会議所などが開催している起業セミナーに参加されることもおすすめです。

②　創業融資の申込手続きで動き始めるタイミングはいつか？

タイミングとしては、お店を出そうとしている立地が概ね決まった段階です。必ずしも貸主さんと正式な賃貸借契約を結んでいなくても大丈夫です。正式契約の手前の物件の仮押さえでも借入申し込みは可能です。

どの場所でお店をオープンする予定なのか具体的に決まれば、最も大きな投資である内装工事の概算額を見積もることができます。

お店の広さが決まれば、セット面の数、シャンプー台、導入したい機材なども具体的にイメージできます。

不動産の仮契約、内装工事、美容機材などの大きな投資額の見積もりが出れば、いよいよ創業融資の具体的な申込手続きに入ることができます。

③　融資の申込からお金が入金されるまでの流れ

【日本政策金融公庫の場合】

①　お店を出す場所の最寄りの日本政策金融公庫で相談します。
②　公庫の相談窓口で『借入申込書』、『創業計画書』を受け取り、作成します。公庫のホームページでもダウンロードできます。その他に準備すべき資料を公庫で確認します。
③　借入面談の日程を公庫と相談して決定します。
④　面談当日までに、借入申込に必要な資料をすべて準備します。

⑤公庫の担当者と借入面談を行います。
⑥面談後、追加で資料の提出を求められる場合があります。
⑦公庫から融資の可否について連絡があります。
⑧融資が無事に通過した場合は、通過した旨の連絡と、公庫から金銭消費貸借契約書などの借入契約資料を受け取ります。
⑨契約書に記載した指定口座に融資実行金額が振り込まれます。
※融資実行の条件が付くことがあります。例えば、テナントの賃貸借契約書が結ばれたことが条件であれば、契約書のコピーを公庫に提出した後でお金が振り込まれることになります。

【信用保証協会付き融資の場合】
①金融機関で融資の相談、申し込みをします。
②信用保証協会で直接申し込みも可能ですが、金融機関経由で信用保証協会に申し込む場合がほとんどです。
③金融機関で借入に必要になる資料を確認し、資料を準備します。
④金融機関の融資担当者と面談を行います。
⑤金融機関が、申し込みした融資が適当であると判断すると、その金融機関が信用保証協会に信用保証の申込手続きを行ってくれます。
⑥信用保証協会で事業内容、経営計画などに基づいて、保証を付けるかどうかの検討を行います。
⑦保証協会の保証承諾の通知が出たら、信用保証書が発行されます。
⑧保証証明書が発行されれば、金融機関と融資契約が成立します。
⑨借入申し込みをした金融機関の自分の口座に融資実行金額が入金されます。

信用保証協会で直接申し込みをした場合、信用保証協会から先に信用保証書を受け取っている場合は、どこの金融機関に持って行っても融資が受けられるという訳ではありません。融資が通るかどうかを最終的に判断するのは金融機関です。しかし、１つの金融機関で融資が出せないと言われても、保証協会からの信用保証書は使えますので、他の金融機関で再度チャレンジすることは出来ます。

【公庫と信用保証協会付き融資の両方に融資申し込みをする場合】

① 協調融資が使えるかどうかを公庫と金融機関に確認します。
② 協調融資が可能であれば、公庫、金融機関のそれぞれに先ほどの手順で借入申込を行います。
③ 公庫と金融機関の両方から融資決定が出れば協調融資が実行されます。
④ 公庫と金融機関から、融資決定金額が入金されます。

公庫での融資が通ると判断されても、保証協会付き融資を行う金融機関で融資が出来ないと判断されてしまった場合には、公庫からも融資を受けることはできません。

協調融資の場合は、あくまでも両方から融資が通ると判断される必要があります。

4 創業融資を成功させるポイント

創業融資の最大の特徴は、これからお店を始める人のための融資という点です。

つまり、今の売上が0円であっても融資が受けられるということ。今の実績ではなく、未来の美容室経営に対してお金を貸すかどうかを決めます。

お金を貸す金融機関の立場で考えると、貸したお金が返ってくるかどうかが一番大切です。そのためには、お店の経営が成功することを望んではいますが、それよりも、お店の経営が長く続くことの方が金融機関にとっては重要です。

売上0円からスタートする美容室が、長く経営が続けられることを証明することが創業融資を成功させるポイントです。

もう1つのポイントは、金融機関は信用をとても大切にしています。どんな人が経営をするのか、経営をする代表者自身が信用できる人かどうか、を金融機関は重視しています。

① 美容室経営を長く継続できること

② 美容室経営者としての信用

この2つのポイントを事業計画書や借入面談を通じて、しっかりと伝えることが創業融資を成功させるための重要なカギとなります。

①　右肩上がりの計画書は信用できない

売上が右肩上がりで伸びていく計画書と、売上はそれほど伸びないけれど、確実に利益が残る計画書、どちらが良いと思いますか？

開業相談で拝見する事業計画書は、ほとんどの方が右肩上がりの計画書です。もちろん、お店を絶対に成功させるという強い思いで作った計画書ですから、当然と言えば当然です。

右肩上がりの計画でも良いのですが、重要なのはその根拠。

オープン時の売上の根拠、どんな商品を、どんな価格で、どんな集客方法で、何人のスタッフでお店を経営するのか、具体的な根拠が必要です。

けれども、未来の予測ですから、その根拠は、未来になるほど具体的ではなくなります。

金融機関が求めているのは『長く経営を継続できること』です。そうすると、根拠の弱い右肩上がりの計画書ではなく、確実な利益が継続的に確保できることが分かる計画書が求められています。

②　借りたお金は売上から返すのではなく、利益から返します

とにかく売上を上げれば、借入金を返せると思うのは間違いです。

借入金は売上ではなく、利益から返します。売上とは、お客様から頂いたお金です。利益とは、その売上から材料仕入、スタッフの人件費、集客のための広告費、お店を維持するためにかかる水道光熱費や電話代、その他のいろいろな経費を支払った後の残りです。この利益に対して税金が掛かり、税金を払った後のお金を税引き後利益と

言います。

借入の返済は、この税金を支払った後の残りの利益から行います。ですので、金融機関は、売上ではなく、この利益がいくらなのか、いくらまでなら返済が可能なのかを重視します。

③ 売上は自分では決められないが、経費は自分で決められる

事業計画を立てる時、ほとんどの方が売上から考え始めます。

計画した売上金額の根拠を聞くと、「これまで○○名くらい担当していたので、これくらいの売上金額は行けるはず。」それは、以前のお店が集客した結果であって、これから始める自分のお店に来店してくれる根拠にはなりません。

間違いだらけの美容室経営の考え方でも触れましたが、売上高の意味は、自分が売った金額ではなく、お客様が買った金額です。お客様が来なければ売上にはなりません。要するに売上は自分では決められないのです。

売上ではなく、経費はというと、どの場所でお店を出すかで家賃の金額が決まります。スタッフを何人採用するかで人件費が決まります。どんな販促をするかで広告費が決まり、どんな材料を使うかで仕入の金額が決まります。経費というのは、すべて自分で決めることが出来ます。売上と違って、経費は自力で決められるものばかりです。

事業計画の中で、自分がどんな経営をするのか、その結果、どれだけの経費を使うのかを具体的に示すことが、事業計画そのものの信頼性を高めることになります。

④ 確実に返済ができる事業計画書を作ろう

事業計画のサポートをさせていただくと、ほとんどの方から、こんな少ない売上金額で融資の申込をしても大丈夫なのですか？　と聞かれます。

先ほど説明したように、右肩上がりの予測も、大きな売上金額も必要ありません。確実に、継続的に返済できることが分かる事業計画書を作成します。

経費は自分で決められますので、立地とセット面の数、オープンから1年前後のスタッフの人数、販促の手段が決まれば、お店で使う経費はほぼ確定します。あとは、開業予定の方が美容師としてどんな技術を持っているのか、どんな経験をしてきたのか、お店の稼働時間、メニュー、価格などの要素から、絶対に必要な売上金額が確保できるかどうかを検証します。

お店を出す場所が決まり、セット面とシャンプー台の数、スタッフ人数、集客の方法が決まれば、一日に必ず来店するお客様の最低限の人数は予測することが出来ます。最低人数であったとしても、絶対に必要な売上金額を確保できるのであれば、借入金は確実に返済することが出来ます。つまり、美容室経営を長く継続することが出来るということです。

⑤ 競合店の調査を分析しているか？

美容業界は、とても競争の厳しい業界です。

競争の激しい立地では、1つの交差点に4店舗の美容室があったり、美容室通りといわれる程、何店舗も美容室が立ち並ぶ道路があったりします。

競争があることが当たり前の業界ですから、事業計画の中で、競合となるお店にどうやって勝つのかを盛り込むことも必要です。

競争に勝つための自分のお店のやり方だけではなく、実際に競合となるお店がどんなことをしているのか、メニュー、価格、サービス内容、集客、広告の方法を自分自身で把握して、事業計画、面談の中で競合店対策の考え方を説明できる準備をしておく必要があります。

美容室の場合は、隣にお店があったとしても対象としている客層が違えば競合店にはなりません。セット面の数や料金の違いでも変わってきます。10面のお店と2面のお店、カット2,000円のお店と4,000円のお店、予約制とそうでないお店で、それぞれ客層が異なります。

客層が違えば、競合店ではなくなります。出店しようとしている立地にある競合店の調査をすることは、融資を成功させる事だけではなく、美容室経営の具体的な戦略を立てる上でも重要です。

⑥ あなたのお店の強みは何か?

お店の強みとは、あなたの強みでもあります。

これまで美容師としてどんな経験をしていたのか、どんなお店で働いてきたのかが、自分のお店を経営する上で大きく影響します。技術を磨き続け、スタイリストとしてだけではなく講師としても活躍していた方などは、提供する技術自体が強みとなることもありますし、何店舗もあり、スタッフ数の多いお店で長年店長などの役職を経験してきた方は、スタッフ採用に対する経験値、オペレーションに対する能力が評価されることもあります。

開業するまでにどんなことをしてきたのか。これまでの自分の経験が、自分のお店の強みとして金融機関から評価されます。

もう1つの考え方として、お店の強みとは、『お客様があなたのお店を選ぶ理由は何か?』ということです。

成長している美容室は、お客様が自分のお店を選んでくれる理由を知っています。お店の強みは、自分のやりたい事、提供したいサービスの事ではありません。他のお店で提供していないサービスであったとしても、そのサービスをお客様が求めているとは限りません。

基本的には、お客様の困った事を解決できるかどうか、お客様の困り事を解決できるサービスをどれだけ多く持っているのか、それが成長する美容室となるかどうかのポイントです。

⑦ 自分の信用情報を知っていますか?

金融機関は信用を大切にしています。美容師として、これまでどんな経験をしてきたのかも信用を測る尺度となりますが、より重視しているのが、信用情報と言われるものです。

信用情報とは、過去のクレジットカードや自動車ローンなどの利用状況が記録された情報です。

ブラックリストという言葉を聞いたことがありませんか? 実際にそんなリストは世の中に存在していませんが、要するに「信用情報に傷が付いている状態」を指して、いわゆるブラックリストに載ると言われています。公庫でも、民間金融機関でも、この信用情報を使っています。

この信用情報を見るポイントは、どれだけ借入金の残高(リボ払いでの支払い残高も含まれます)があるのか? と、過去の返済、クレジット支払に遅れが無かったかどうかの2点です。

融資で問題となるのは、借入申込書を書くときに、今の借入金の情報を記載しますが、その記載した内容と、信用情報との結果に違いがある場合です。

借入金の金額と信用情報との結果が違うということは、嘘をついているか、嘘では無かったとしても、借りているという事実を正確に把握できていない、つまり、ルーズな人という印象を与えてしまいます。

次に問題となるのは、これまでの借入の返済やクレジット支払に遅れがある場合です。カード支払の通帳残高が不足して、支払が出来なかった場合がこれに当ります。遅れたけど後で支払ったから大丈夫でしょ？　と言われる方もいますが、そんな甘いものではありません。

必要なのは「信用」ですから、約束を守っているかどうかが重要視されます。一度でも遅れがあると融資が受けられないという訳ではありませんが、信用という点では厳しく評価されてしまいます。

大切なことは、自分の借入金の情報を正確に把握していること。もし、不安がある場合には、金融機関の審査よりも前に、あらかじめご自身で信用情報を取得しておくことをお勧めします。

今の段階で支払の遅れがあると、そもそも融資は受けられませんので、半年、1年程度は支払遅れのない状態を作り、「信頼」を作る必要があります。

過去の支払情報に遅れがある場合は、その当時の遅れの理由を説明できる準備はしておくべきです。借入面談の際には、どんな質問に対しても、的確に答えられる準備が必要です。

5 融資の申込で必要になる資料は？

日本政策金融公庫や金融機関に提出する融資の申込で必要になる資料で、借入申込書はそれぞれ決められたフォーマットがありますが、それ以外に準備する資料はほぼ共通しています。

美容室の物件は、ある日突然に良い情報が飛び込んでくることもあり、物件の保証金等を支払うため、急いで借入の準備をする必要が出てくる場合もあります。物件が決まったら、すぐに借入準備に動けるように、融資の申込で必要になる資料をあらかじめ確認しておきましょう。

【日本政策金融公庫で開業融資を申込する場合】

(1) 借入申込書

公庫のホームページからダウンロードできます。記入例も準備されています。

○お申込人名

自分の名前を書きます。お店の名前（屋号）は決まっていなくても構いません。

○お申込金額

希望する融資金額の合計額を書きます。あくまでも希望額ですので、ここに記載した金額の融資が受けられるとは限りません。

【図表2-5-1】

受付
月日

受付
番号

借入申込書

(普通貸付・特別貸付・生活衛生貸付用)

株式会社日本政策金融公庫

(国民生活事業)

借入申込書は、裏面の「公庫におけるお客さまの情報の取扱に関する同意事項」にご同意のうえ、ご記入ください。

お申込人名

フリガナ

法人名・商号(屋号)(ゴム印でもかまいません。)

お申込人の方の印 印

フリガナ

個人事業主の方・法人代表者の方のお名前
(自署でお願いします(ゴム印は使用しないでください。)。)

個人事業主の方または法人代表者の方の {性別 男・女 / 生年月日 大・昭・平 年 月 日

〒□□□-□□□□ ☎( )-( )-( ) おもなご連絡先
フリガナ
本店所在地 〔本店所在地の不動産 所有・借用〕 □
ビル・マンション名(号室)

〒□□□-□□□□ ☎( )-( )-( )
フリガナ
営業所所在地 〔営業所所在地の不動産 所有・借用〕 □
ビル・マンション名(号室)

〒□□□-□□□□ ☎( )-( )-( )
フリガナ
お申込人または法人代表者の方のご住所 〔ご住所の不動産 所有・借用〕 □
ビル・マンション名(号室)

お申込金額	万円
お借入希望日	月 日

携帯電話	お申込人・代表者	( )-( )-( )
	上記以外の方[ ]	( )-( )-( )
メールアドレス	@	

□ 上記メールアドレスに「事業者サポートマガジン」のメール配信を希望します。

ご希望の返済期間(元金据置期間を含みます。) 年	元金据置	1 希望なし 2 平成 年 月まで希望
毎月のご返済希望日	ご希望の返済日に○を付けてください。	5日・10日・15日・20日・25日・末日(お支払方法によっては、ご利用いただけない日があります。)
ご返済金のお支払方法	・自動振替(銀行・ゆうちょ銀行から) ──►※ご返済のつど金融機関に出向く必要のない自動振替をおすすめします。・公庫の口座へ振込(銀行から) ・公庫の口座へ振替(ゆうちょ銀行から)	

創業年月	明・大・昭・平 年 月 創業・創業予定(個人で創業された後、法人を設立された方は、個人で創業された年月)
業種	従業員数(家族従業員を含みます) 人

資金のお使いみち(注)

運転資金 万円	設備資金 万円
(該当する項目に○を付けてください。)	
(1) 商品、材料仕入	(1) 店舗・工場 (2) 土地
(2) 買掛、手形決済	(3) 機械設備 (4) 車両
(3) 諸経費支払	(5) その他
(4) その他	

当公庫とのお取引
有 最新のお取引番号( )
無 どこで当公庫をお知りになったかA群、B群から1つずつ該当するものに○を付けてください。

A群(団体):1 公庫 2 商工会議所・商工会 3 生衛組合・指導センター 4 金融機関 5 税理士 6 取引先、同業者、(元)勤務先 7 中小企業支援センター 8 地方公共団体 9 その他
B群(媒体):1 口コミ 2 ホームページ 3 相談会 4 セミナー、イベント 5 会報誌、広報誌、メールマガジン 6 新聞、雑誌等のメディア

お申込人または法人代表者の方のご家族

続柄	お名前	年齢	ご職業・学年

(注)原則として、他の金融機関の借入金のお借替えにはご利用いただけません。

借入申込・調査には手数料・調査料等は一切不要です。

「事業者サポートマガジン」の登録上の注意事項(http://www.jfc.go.jp/n/service/pdf/mail_magazine_notice.pdf を参照)に同意したうえで、□に✓印をお付けください。

次のいずれかをご選択ください

保証・担保の条件について、次のA・Bのいずれかを選択していただき、チェック欄□に✓印をお付けください。
また、法人のお客さまで経営者保証の免除をご希望される方はCのチェック欄□に✓印をお付けください。
(選択された内容により、適用される利率が異なります。)
他にも無担保・無保証人の制度はございますので、くわしくは、公庫の窓口までお問い合わせください。

A 担保の提供を希望しない。

新たに事業を始める方
税務申告を2期終えていない方
新創業融資制度(注1)
<無担保・無保証人(原則)>
チェック欄 □

税務申告を2期以上行っている方
担保を不要とする融資(注2)
〈法人:無担保・代表者保証(原則)
個人:無担保・無保証人(原則)〉
チェック欄 □

B 不動産等の担保の提供などを希望する。

・(根)抵当権の設定等の手続きが必要です。
チェック欄 □

C 「経営者保証免除特例制度」(法人代表者の方の連帯保証を免除できる制度)を希望する。

・原則として、税務申告を2期以上行っていること、公庫とのお取引が1年以上あること、法人・個人の一体性の解消が図られていること、財務状況における一定の要件を満たすことなどの要件がございます。
・当該制度を適用する場合は、一定の利率が上乗せされます。
チェック欄 □

(注1)原則として、無担保・無保証人の制度です。代表者個人には責任が一切及ばないものとなっております。お客さまがご希望される場合は、法人代表者が連帯保証人となることも可能です(金利が0.1%低減されます。)。その場合は裏面の「連帯保証に関するご案内」を必ずお読みください。
(注2)これまでの事業実績や事業内容を確認するほか、所得税等を原則として完納していることを確認させていただきます。

法人代表者の方で経営者保証免除特例制度を希望されない場合は裏面の「連帯保証に関するご案内」を必ずお読みください。

(国民生活事業取扱)100-1102(28.03)ⓉⓄ 500 オビ

ひょっとしたら減額されるかもしれないので、少し多めの金額を書くという話を聞きますが、これは、やめた方が良いです。投資額が多すぎると判断され、創業計画全体の心象を悪くする場合があります。

大切なのは、創業計画書の中で計算された結果であること。創業計画書の中で、何にいくら使うのか、その使う金額で適切かどうかが重要なポイントとなります。

○お借入希望日

借りるお金がいつまでに必要なのかを書きます。融資が必要になる場合として、物件の保証金の入金、内装工事の着手金の支払いなどがありますが、大家さんや内装工事の業者によっては、実際の借入入金がなくても、融資が決まった事実を伝えることで、物件契約を進めてくれたり、内装工事の着工開始をしてくれる場合があります。

一般的には、融資の申請から入金されるまでには、１か月から2か月程度時間がかかる場合がありますので、余裕を持った融資の申請がお勧めです。

○ご希望の返済期間

融資をいつまでに返し終わるかの希望期間を書きます。資金には、「運転資金」と「設備資金」に分かれ、それぞれ返済の最長期間が違います。初めてお金を借りる人にとっては、なるべく早くお金を返したいと考える方もいますが、早く返すということは、毎月の返済額も多くなります。

安定した経営のためにも、返済期間をできるだけ長くして、毎月の返済額を少なくすることをお勧めします。

○元金据置の希望

元金据置というのは、最初は借入元金は返さず、利息だけの支払いにすることをいいます。金利支払いだけなので、据置き期間中の支払額は少なくなります。

　融資が決定し、自分の口座に入金されると、すぐに返済もスタートします。しかし、お店がオープンするのは数か月先になります。また、お店をオープンした後しばらくの期間は、売上で入ってくるお金よりも、経費の支払いなどで出ていくお金の方が多くなります。

　記入例には「希望なし」とありますが、公庫や金融機関と相談しながら元金据置は積極的に活用することをお勧めします。

○毎月のご返済希望日
　返済日を選ぶ時の注意点は、支払日を集中させないようにすることです。お店の経営がスタートすると、店舗家賃支払い、給与支払い、借入金返済が大きな支払いとなります。給与の支払日は今後決めればよいのですが、家賃の支払日と借入の返済日は重ならないようにした方が良いです。

　お店でクレジットカードを利用できるようにすると、クレジットカード入金は、一般的に毎月15日、月末などです。まとまった資金が入金した後に返済日を設定するのも資金繰りを考えると良い選択です。返済日の変更は後からでも可能です。

　万一、預金残高が不足して返済ができない、返済が遅れるなどの事態が起きてしまうと、今後の取引にも大きく影響します。

○ご返済金のお支払方法
　自動振替になります。

○資金のお使い道
創業計画書に記載した内容に合わせて、運転資金と設備資金に分けて金額を書きます。

○本店所在地
お店の出店予定地の住所を書きます。

○お申込みの方のご住所、携帯電話、メールアドレス
自分の住所を書きます。借入面談以降、公庫と郵便でのやり取りを行います。公庫からの郵送物が確実に受け取れる住所であることを確認しましょう。

○創業年月
お店のオープン予定日を書きます。

○業種
美容業と書きます。

○従業員数
身内以外のスタッフを採用する場合に人数を書きます。

○お申込みの方のご家族

同居している家族情報を書きます。同居していなくても、身内からの金銭的なサポートを受ける場合には、家族構成は書いた方が良い場合があります。

(2) 創業計画書

公庫のホームページからダウンロードできます。

創業計画書の記入例には『美容業』も用意されています。この創業計画書はいわゆる事業計画書です。公庫の創業計画書はA4サイズ1枚だけですので、ご自身で追加の計画書を作成した方が説得力は高くなります。

用意されている記入例は、最低限書かなければならない内容だと考えて下さい。創業計画書の書き方については、第3章で詳しくご説明します。

(3) 給与の源泉徴収票

開業前までに勤務していたお店から受け取った給与の源泉徴収票です。万一、無くしてしまった場合は、勤務していたお店に再発行をお願いしましょう。

給与の源泉徴収票が事情により受け取れない場合は、役所で発行している所得証明を使う場合もあります。基本的には直近1年分用意すれば良いです。

働いていたお店が給与ではなく、面貸しだった場合には、給与の源泉徴収票はありませんので、面貸などの収入や経費を計算して作成した確定申告書の控えを提出します。

(4) **自己資金として準備している自分名義の通帳**

お店を開業するための自己資金として、どれだけ準備してきたのかを証明するために提出します。

自己資金の金額だけではなく、どんな経緯で準備してきたのか。給与などの収入が入金され、そのお金をどのように使って、残ったお金がどれくらい開業資金として貯蓄されているのかがチェックされます。そのため、最終の残高が分るページだけではなく、直近の半年分くらいのコピーの準備をしておきましょう。

面談の際には、コピーではなく通帳の原本を準備しましょう。

(5) **美容室の内装工事の建築見積書**

内装などの工事を依頼した業者に発行してもらう建築工事の見積書です。建築の見積書だけではなく、どんなレイアウトにするのかが分かる図面も一緒に準備しましょう。

借入申し込みの段階では、あくまで見積書ですので、最終的に完成した時に支払う請求金額と異なる場合が多いです。しかし、借入申し込みで使用した見積書の金額と、実際の支払額が大きく異なる場合には注意が必要です。

後日、金融機関から請求書、領収書の提出などを求められる場合があり、差額が大きい場合には、設備資金ではなく、運転資金としての融資契約の変更や、差額の返金が必要になる可能性もあります。

多めの融資を受けたいという理由で、内装工事の見積金額を意図的に大きくするなどの行為はしてはいけません。

(6) **美容機材の見積書**

シャンプー台などの美容機材の見積書です。お店で使用するシャンプー、カラー材などの材料金額は含めません。美容ディーラーに依頼するか、ご自身で美容機材の販売会社などから見積書を取得しましょう。

内装工事の見積書の注意点と同様に、融資後に請求書、領収書の提出が求められる場合がありますので、作成する見積書の内容には注意が必要です。

特に注意が必要なのは、シャンプー台などを購入する前提で借入申込を行い、融資申込の後から購入ではなくリース契約に切り替えてしまうと、その部分の借入金額が認められなくなる可能性があります。

(7) **店舗の不動産契約書**

どこでお店をやるのか、物件が決まらないと借入申込は出来ませんが、融資の申請する段階では、物件の正式契約ではなく仮契約でも可能です。

融資申込の段階で物件の正式契約が終わっていれば賃貸借契約書、仮契約の段階であれば仮契約書や物件の立地、月額家賃、保証金などの情報が分かる資料でも大丈夫です。

(8) **運転免許証のコピー**

自分の身分証明書です。運転免許証がない場合は、パスポートなどの顔写真が入った身分を証明できる書類でも大丈夫です。

(9) **美容師免許、管理美容師の証明書**

美容師免許の証明書です。開業当初からスタッフを雇用する予定の場合は、管理美容師の証明書も必要になります。

(10) **自宅が賃貸住宅の場合は、自宅の賃貸契約書**

今の生活環境を確認するために提出を求められることがあります。実家住まいの場合は、必要ありません。

(11) 市民税などを支払った控え

税金の滞納があると融資を受けることは出来ません。自分名義の市民税などの納付済の領収書の提出が求められる場合があります。

開業融資の申込は、美容室の立地が見つかったらすぐ開始することが出来ます。立地が決まったら、すぐに内装工事の建築会社、美容機材購入について美容ディーラー等と打ち合わせ、見積書の作成をお願いできる準備をしておくと良いでしょう。

第3章

成功する創業計画書の作り方と融資の成功事例

1 融資が成功する創業計画書を作ろう

融資の結果を最も左右するのが創業計画書です。

お金を貸す側からみたら、一番知りたい事は〝貸したお金を返してもらえるかどうか〟。既に美容室を経営している人であれば、今の事業の状況を決算書から判断し、返済能力を見極めますが、これから開業する人にはこの決算書がありません。

ですので、決算書の代わりに、創業計画書から、〝この人はお金を貸しても返す能力があるのか？〟を判断します。

自己資金が多くあれば、融資は受けられると考えている方も多いのですが、必ずしもそうではありません。

開業時の借入金とは、開業に必要な費用のうち、自己資金では足りない分を借入することになりますから、自己資金が多ければ、融資が必要な金額は少なくても大丈夫と判断されます。融資自体は受けやすくなりますが、希望する融資額が受けられるとは限りません。自己資金は、当然ながら、使えば無くなってしまうものなので、返済能力とは直接関係ありません。

逆に自己資金が少なくても、美容室として生存できることが確認できれば融資を受けることが出来ます。自己資金の額は重要ですが、重要な判断材料の１つに過ぎないのです。

お金を借りる時は、今持っているお金の額と同じくらい、〝将来稼ぐ力〟が問われるわけで、それを示すのが創業計画書なのです。

最も大切なのは、融資担当者に説得力のある事業計画を示し、信頼を得ることです。この人だったらお金を貸しても大丈夫、と思ってもらえるかどうかが鍵となります。どうすれば融資担当者を説得できるのか？　そのテクニックをご紹介します。

まずは、日本政策金融公庫のホームページ、借入申込書等ダウンロードの中にある「創業計画書」と「創業計画書　記入例　美容業」をダウンロードして実際にご覧ください。

https://www.jfc.go.jp/n/service/dl_kokumin.html

創業計画書のそれぞれの項目にどんな内容を書くことが求められているのかをご説明します。

① 創業の動機

美容室の開業に至った理由です。いつか自分のお店を持ちたかった、という漠然とした理由だけではダメです。融資担当者としては、どんな理由で開業する準備が整ったと判断したのかを聞きたいのです。

① なぜ、このタイミングで創業するのか
② これまでどんな経験をしてきたのか
③ どれくらいの数のお客様を担当してきたのか
④ 見込まれるお客様がどれくらいいるのか
⑤ これまで創業のためにどんな準備をしてきたのか
⑥ 創業を支えてくれる人はいるのか

ここには4行しか書く欄がありません。書ききれない場合は、全体の文章を追加の事業計画書

【図表3-1-1】創業の動機

	公庫処理欄

に書き、そこから重要なポイントだけを抜き出して箇条書きにしても良いです。スタイリストとして10年、店長を経験して5年、200名のお客様を担当していた、コンテストで3回表彰された、開業にあたり両親から100万円の援助を受けた、など、具体的な数値を使うとより説得力が増します。

この場所なら間違いなく成功するので開業を決めた、というのもダメです。思い込みによる開業は、経営が失敗する最たる原因です。また、お客様から開業を勧められたというのも主体性が無いのでダメです。

美容室を開業するための準備の度合い、協力者の存在、どんな経営方針でいるのか、なぜこの立地を選んだのかを具体的に書くことがポイントです。

② 経営者の略歴等

美容学校を出てから現在までの履歴を書きます。これまでの勤務経験の中で、美容室を開業する上で必要な経験、能力を磨いてきたのかが見られます。

一般的に転職が多すぎるのは社会人としてマイナス評価を受けることが多いですが、美容師の場合は、経験を積むために転職することは珍しくありません。その場合は、これまで勤務してきたお店でどんな技術を学び、役割を経験してきたのかができるだけ細かく書くようにしてください。

借入申込の時点でまだ勤務中の場合は、退職予定日を書いてください。もし、勤務しているお店から退職金が受け取れる予定であれば、退職金の見込額

【図表3-1-2】 経営者の略歴等

経営者の略歴	年月	内容	公庫処理欄
	過去の事業経験	□ 事業を経営していたことはない。 □ 事業を経営していたことがあり、現在もその事業を続けている。 □ 事業を経営していたことがあるが、既にその事業をやめている。 （⇒やめた時期：　　年　　月）	
	取得資格	□ 特になし　□ 有（　　　　）	
	知的財産権等	□ 特になし　□ 有（　　　　（□ 申請中　□ 登録済））	

も書き込んでください。この退職金も自己資金の見込額として検討してもらうことが出来ます。

それぞれ勤務していたお店での担当顧客数も書いてください。勤務していたお店の経営者から了承を受けている場合には、そのお店の担当顧客からどれくらい引継ぎができるのかの見込人数も書き入れてください。

資格取得には、美容師免許、管理美容師などの資格の種類を書きます。特殊なカット技術などを学んでいる場合は、この欄には書ききれないため、追加の事業計画書を使って特殊技術の説明、商品説明、見込まれる客単価、付加価値の説明を加えてください。

ここでのポイントは、美容師としての勤務経験が十分にあるかが問われます。豊富な勤務経験があれば事業の成功確率は高くなると評価されます。

勤務先、勤務年数だけを記入するのではなく、勤務していた時の役職、どんな内容の仕事をしてきたのか、どれだけの売上実績があったのかを書くことで、自分の実力を客観的に伝えることが出来ます。

③ 取扱商品・サービス・セールスポイント

あなたのお店でどんな商品をどれくらいの売上割合で提供したいのかを書きます。美容室ですから、取扱商品はカット、カラー、パーマと店販商品が基本商品・サービスになります。

どれだけ準備をしているかが問われますから、融資申請の時点ではメニュー表まで作成していなくても、提供したい商品、価格は具体的に決めておきましょう。

セールスポイントには、他の店には負けないこだわり、強みを書きます。競争状態の美容室の中で、他のお店とどんな点が違うのか、どんな特殊性を持っているのか。だれもがやっていないような特殊なサービス、商品はほとんど稀です。同じようなサービスであっても、出店予定地の近くでは提供していないサービス、使っている材料による効果の違い、価格は強みとしてセールスポイントになります。

競争対策としてリアリティがあるかが問われますから、これは売れるはずという自分の思い込みを入れてはいけません。また、施術内容や使用する薬剤による違いなど、美容業界以外の人には分かりにくい専門用語はできるだけ使用せず、一般の人にも分かるような表現にすることも大切です。

ここでのポイントは、自分がやりたいことではなく、あなたのお店をお客様に選んでもらえる理由をしっかりと書くことです。コンセプトなど、言葉で表現しづらい場合には、店舗デザインなどのイメージ資料などを使って説明するのも良いです。

④ 取引先・取引関係

販売先は、一般個人です。一般の方を対象としますので、シェアは100%、掛け取引の割合はクレジットカード決済を導入予定でも0%、回収は即日、と記載します。

ここには立地選定の理由を書くことが求められています。

なぜ、この場所を選んだのか？　この場所が美容室を経営する上で、どんなメリットがあるのか説明できるようにしましょう。

美容室経営にとって有利となる立地は、女性が運転する車でも止めやすい駐車場があること、通りやすい道路であること、車で走りながらでも見やすい場所にあること、近くにスーパーやショッピングセンター、駅があること、などです。

仕入先は、開業時点で決まっていれば取引予定の美容ディーラーの会社名を書きま

【図表3-1-3】取扱商品・サービス・セールスポイント

取扱商品 サービスの 内容	①　　　　　（売上シェア　　%） ②　　　　　（売上シェア　　%） ③　　　　　（売上シェア　　%）	公庫処理欄
セールス ポイント		

す。借入申請時点と、実際の取引が変わったとしても問題はありません。外注先は、記入しなくても良いです。

人件費の支払いは、スタッフを採用した場合の給与の締め日と支払日を書きます。締め日、支払日というのは、いつからいつまで働いた分の給与を、いつ支払うのか、決まっていれば記載します。

ここでのポイントは、自分がこれまで担当してきたお客様の内、何人ぐらいが見込客になりそうかが見られています。また、ターゲット顧客と選択した立地がマッチしているかも見られます。例えば、主婦層をターゲットとした場合には、ショッピングセンターの近く、仕事帰りのOLであれば、乗降者数の多い駅近くなど、立地の選択理由が売上の根拠になっているとより説得力が増します。

公庫の記入例では、「近くにショッピングセンターがあり、人通りが多いため、新規客を獲得しやすい。」とあります。立地の選定は融資を判断する上では、とても重要なポイントです。選定理由を記入する欄自体が無いのですが、面談の際に、なぜ、この場所を選んだのかを具体的に説明できる準備をした上で、立地選定の根拠を簡潔にまとめてこのスペースに記載してください。

【図表3-1-4】取引先・取引関係

	フリガナ 取引先名 （所在地等）	シェア	掛取引の割合	回収・支払の条件		公庫処理欄
販売先	（　　）	%	%	日〆	日回収	
	（　　）	%	%	日〆	日回収	
	ほか　社	%	%	日〆	日回収	
仕入先	（　　）	%	%	日〆	日支払	
	（　　）	%	%	日〆	日支払	
	ほか　社	%	%	日〆	日支払	
外注先	（　　）	%	%	日〆	日支払	
	ほか　社	%	%	日〆	日支払	
人件費の支払	日〆			日支払（ボーナスの支給月　月、　月）		

⑤ 従業員

お店をオープンする時にスタッフを採用するかどうかを確認します。採用する場合には、どんな働き方をするのか、どれくらいの給料を支払う予定なのか、オープン段階からその人件費を負担しても経営が成り立つのかも確認されますので慎重に計画を立てる必要があります。

⑥ お借入の状況

この創業融資を申し込む時点で、住宅ローン、自動車ローン、カードローンなどの借入状況を確認します。公庫は面談の時点ではすでにあなたの信用情報を把握しています。分かった上で聞いてきますので、事実と異なる答えや、「たぶん」などの曖昧な返答をすると信用を失ってしまいます。自分の借入状況はしっかりと確認してから受け答えをしましょう。不安があれば、自分で信用情報を取得して対応した方がよいでしょう。間違った返答、曖昧な返答ではダメです。

【図表3-1-5】取引先・取引関係の記載例

	フリガナ 取引先名 （所在地等）	シェア	掛取引の割合	回収・支払の条件	公庫処理欄
販売先	一般個人 （　現勤務先での固定客約200　）	100 %	%	即金　日〆　日回収	
	⇨近くにショッピングセンターあり、人通りが多いため、新規客を獲得しやすい。 （　　　　　）				
	ほか　社	%	%		

・販売先・仕入先との結びつきがあれば記入してください。契約書・注文書などがあれば添付してください。
・販売・仕入条件について確認しておく必要があります。立地選定理由についても触れてください。

【図表3-1-6】従業員

常勤役員の人数（法人の方のみ）	人	従業員数（うち家族）	人（　　人）	パート・アルバイト	人

⑦ 必要な資金と調達方法

面談でもっとも重視される項目です。必要な資金には、内装工事、美容機材の費用、不動産契約の資金の額を記載します。設備資金の欄に書く項目については、すべて見積書を付けます。内装工事にいくらの投資をするのか、店舗のレイアウトはどうなっているのか、設置するセット面、シャンプー台の数、美容機材にいくらの投資をするのか、不動産の保証金はいくら必要なのかを具体的に答えられるようにしておきましょう。

融資が通らない、又は減額提案がある場合は、この設備投資の金額が計画として高すぎる、もしくは自己資金の額に対して大きすぎると判断されることが多いです。このような判断をされた場合には、内装工事や美容機材の内容について見直しが必要です。

ここでのポイントは、融資担当者から受けた指摘を解決できるかどうかです。面談の前に内装業者との打ち合わせで、使用する材料変更やレイアウト変更により減額が可能かどうか確認し、美容機材についても同様に購入予定の機材の代替案を用意しておくと、面談の場面で即座に対応することができます。

運転資金の欄には、オープン時点で必要になる材料代、集客のための広告費、その他オープンまでに必要となる経費の見積額を記載します。どんな支払いがあるのかを把握しておけば、見積書などが無くても問題はありません。

必要な資金で最も重視されるのは、実は「運転資金」です。約7割の美容室が、開業から黒字化するまで半年以上かかっていることが公庫の統計で明らかになっています。オープンしてしば

【図表3-1-7】お借入の状況

お借入先名	お使いみち	お借入残高	年間返済額
	□住宅 □車 □教育 □カード □その他	万円	万円
	□住宅 □車 □教育 □カード □その他	万円	万円
	□住宅 □車 □教育 □カード □その他	万円	万円

らくの間は赤字になるという前提で公庫は判断していますから、その赤字期間でも経営が成り立つだけの運転資金を持っているかどうかが重要になります。

調達の方法には、開業に必要な投資額をどうやって準備するのかを記載します。自分で準備した自己資金、身内からの借入、他の金融機関との協調融資を予定している場合や、すでに民間金融機関で融資を受けていればその金額を記載します。そして、足らない部分は公庫からお金を借りるという流れです。

ここでのポイントは、自己資金の金額です。自己資金が少なく、借入依存の計画になっていると融資は難しくなります。自己資金要件が10分の1以上の融資であっても、総投資額の3分の1以上あることが求められます。自己資金の割合が高ければ高いほど、借入金額も少なくて済み、毎月の返済も少なく済みます。また、自己資金に余裕があれば、赤字期間の資金繰りにも備えることができると判断されます。開業に向けて、自己資金をコツコツと準備することが何より大切です。

【図表3-1-8】必要な資金と調達方法

	必要な資金	金額	調達の方法	金額
設備資金	店舗、工場、機械、備品、車両など （内訳）	万円	自己資金	万円
			親、兄弟、知人、友人等からの借入 （内訳・返済方法）	万円
			日本政策金融公庫　国民生活事業からの借入	万円
			他の金融機関等からの借入 （内訳・返済方法）	万円
運転資金	商品仕入、経費支払資金など （内訳）	万円		
	合計	万円	合計	万円

⑧ 事業の見通し

ここでのポイントは、返済可能かどうか、事業計画に具体的な根拠があるかどうかが問われます。

売上高から計算された利益の中から、必要な生活費と借入金の返済を行います。どれだけ売上が上がるのかではなく、返済できるかどうかの方がお金を貸す側にとっては重要です。必要な生活費がいくらで、借入希望額と返済期間が決まれば、売上高の金額が逆算で計算されます。あとは必要な売上高を達成できるだけの根拠を自分が説明できるかどうかが鍵となります。

売上高は、

平均客単価 × セット面の数 × 回転数 × 稼働日数

で計算されます。

平均客単価は、これまでの美容師としての勤務経験の中からどれくらいの客単価なら確実に提供できるのか、セット面と回転数で決まる客数については、お店の立地、駐車場の数、集客方法の選択で予測が可能です。稼働日数も月間のお休み次第で決まります。

【図表3-1-9】 事業の見通し

		創業当初	軌道に乗った後 （　年　月頃）	売上高、売上原価（仕入高）、経費を計算された根拠をご記入ください。
売上高①		万円	万円	
売上原価② （仕入高）		万円	万円	
経費	人件費（注）	万円	万円	
	家賃	万円	万円	
	支払利息	万円	万円	
	その他	万円	万円	
	合計③	万円	万円	
利益 ①－②－③		万円	万円	（注）個人営業の場合、事業主分は含めません。

――オープン時に値引きをしたとしても、これまでの経験から最低でも客単価は6，000円。200名の知っている方へのダイレクトメール、折り込みチラシ、地域雑誌への掲載、ホットペッパービューティー、楽天ビューティーなどへの掲載をすると、既存客と新規客で最低一日5名は来店してくれるはず。月間稼働日は25日。そうすると最低売上高が75万円。75万円の売上が立てば、計算される利益から生活費も返済も可能である――

このように、予測とはいえ、客観的事実の積み重ねから、例え少ない金額であっても確実に達成できる売上金額を示した方が、計画としての信頼性が高くなります。

手堅い計画書を心がけましょう。「売上は少なめ」、「経費は多め」で計画書を作成し、それでも返済が可能な計画であれば融資が受けられる可能性は高くなります。

利益が少ないと見込まれる場合には、無理をして大きな利益が出るような計画にするのではなく、利益が少なかった場合にその資金を補てんできる財源があるかどうか、その説明ができれば問題はありません。事業には使わない予定の自己資金、妻の給与収入、両親からのサポートなど、万が一の財源があるかどうかが重要になります。

2 経費をコントロールして利益を出す創業計画書の作り方

必ず生存できるお店を作る方法があります。こんなお店を見かけたことありませんか？　ほとんどお客様が来ていないようだけど、ずっと昔から経営を続けている。どうやって経営が成り立っているのか疑問になるようなお店。このお店が生存できる理由は、自分のお店が生存するためのお金の使い方を知っているからです。どんなビジネスでも、経費の使い方さえ知っていれば生存し続けることが可能です。

お金を貸す金融機関から見れば、売上が右肩上がりの事業計画よりも、生存の可能性が高い事業計画の方に融資をします。金融機関が重視しているのは、これから出店する美容室の売上がガンガン上がることではなく、貸したお金を返せるだけの利益が確保できるかどうかです。

先ほどのお店のケースを考えてみます。ほとんどお客様が来ていないようだけど、ずっと経営を続けているお店。例えば、1日に、たった1人しかお客さんが来ない美容室でも営業が続けられる理由とは、その売上金額の範囲内で経費を使っているからです。正確に言えば、売上から材料費などを引いた粗利益額の範囲内で経費を使う限り、生存し続けることができます。

当たり前の話かもしれませんが、とても重要な考え方です。この考え方を「経費の分配率コントロール」といいます。

何席のセット面のお店で、どんな場所で開業するのか。これが決まると概ねの売上が予測出来ます。この予測売上から粗利益額を計算し「経費の分配率コントロール」を使って、使える人件費、家賃などの不動産コスト、チラシなどの広告宣伝費、そのほかの費用の上限金額を把握します。

この上限金額の範囲でお金を使う限り、必ず決まった利益を確保できる＝返済ができる、という考え方です。

この考え方はいろいろな応用が出来ます。例えば、お店の家賃はいくらまでだったら大丈夫なのか。

気に入った物件が見つかった時に、家賃の金額から必要な売上金額を逆算することが出来ます。計算された売上金額に、そのお店の立地、自分の過去の経験、計画している集客方法などから達成できるかどうかを判断します。その金額が達成できるかどうかで、この家賃の金額が適切かどうかが分かります。少し高いけど、何とかなるかな？という甘い判断は絶対にしてはいけません。

○「経費の分配率コントロール」の考え方

経費の分配率コントロールを行う際に、売上ではなく、売上から材料費等の原価を引いた粗利益額（粗利）を使います。

稼いだ粗利益額を、
何に、いくら使ったのか？ではなく、
稼いだ粗利益額を、何に、いくらまでなら使っていいのか？

と考えます。

そうすることで、人件費、不動産コスト、販促費、その他の管理費用などの使ってよい予算額を正確に把握することが出来ます。

○「経費の分配率コントロール」の比率

美容業のお客様に提供している経費の分配率コントロールの標準的な比率です（図表3-2-1参照）。

※事業専従者給与、スタッフの有無のより労働分配率と利潤分配率は調整が必要です。

売上から材料原価を引いた粗利益額を100とすると、その20％は営業利益として残しておきたい。そうすると、使える人件費の上限は35％、不動産コストの上限は20％、販促広告費の上限は5％、それ以外の経費の上限は20％となります。この範囲で経費を使う限りは、必ず20％の営業利益が確保できるという考え方です。

具体的に実際の金額を入れて説明します（図表3-2-2参照）。

※この範囲でお金を使う限り、必ず粗利益額の20％、25．5万円が残ります。

不動産コストの中には、店舗や駐車場の家賃、美容機材のリース料、店舗内装や美容機材の減価償却費が含まれています。

この中の減価償却費というのは、店舗内装や美容機材を法律で決められた期間で経費として計上した金額です。実際には、内装工事

【図表3-2-1】美容室　個人事業　経費の分配率コントロール表

項目	美容室【個人事業】	理想の範囲
粗利益額 （合計）	100	単位　％
人件費 （労働分配率）	35	35～55
不動産コスト（家賃・減価償却費） （不動産分配率）	20	15～26
販促広告費 （販促分配率）	5	5～10
それ以外の経費 （管理分配率）	20	15～24
営業利益 （利潤分配率）	20	5～25

の完成や機材を購入した時点で既にお金は払っていますから、減価償却費として計上した時点ではお金は出ていっていません。ですので、この25．5万円に減価償却費の金額を足した金額が、実際に手元に残るお金になります。例えば減価償却費が7万円であれば、32．5万円が手元に残るお金です。

- 不動産コスト　25．5万円

（内訳）

①　店舗家賃　14万円

②　リース料　1万円

③　水道光熱費　3．5万円

④　減価償却費　7万円

お金の流れを考えると、この中で実際にお金が出ていくのは、①～③だけ。④の減価償却費は購入した時に既に支払い済なので、減価償却費7万円は経費にはなりますが、お金は出て行きません。

▼手元に残るお金

営業利益25．5万円　＋　減価償却費7万円　＝　合計32．5万円

ここから借入金の返済金額と自分が生活に必要な家計費を差し引いた金額がいくら残るのかを見ていきます。

生活に必要な家計費がいくらなのかも面談の時に聞かれますので、答えられる準

【図表3-2-2】月間売上150万円　スタッフ採用あり

項目	金額	分配率	コメント
月間売上	１５０万円		
材料費（１５％）	２２．５万円		
粗利益額	１２７．５万円	100	
人件費	４４．６万円	35	４４．６万円までが上限
不動産コスト	２５．５万円	20	２５．５万円までが上限
販促広告費	６．３万円	5	６．３万円までが上限
それ以外の費用	２５．５万円	20	２５．５万円までが上限
営業利益	２５．５万円	20	上限を守ると確保できる利益

備をしておきましょう。結婚している、妻、又は夫に収入がある、子供がいる、住宅ローン、自動車ローン、両親と同居しているなどで必要な家計費が変わります。

毎月の借入返済額が8万円、必要な家計費が20万円であれば、残るお金は4．5万円（手元に残るお金32．5万円－返済額8万円－家計費20万円）になり、この人にはお金を貸しても返済が可能と判断されます。

金融機関が返済できるかどうかを判断するために見ているのは、この金額です。決して売上ではありません。

もし、この時に必要な家計費が30万円であった場合には、今の売上計画では不足することになります。金融機関からはマイナス評価とされてしまいますが、この時に、事業用ではない自己資金が残っている、万が一の時は身内からのサポートが受けられるという環境であれば、融資が受けられる可能性は大きくなります。

大切なことは、必要な家計費を抑えることと、万が一の資金不足の時の対応を準備しているかどうかです。

では、もう1つのケースをみて見ましょう（図表3－2－3参照）。

月間売上70万円の場合の事業計画です。

金融機関に提出する事業計画で、こんなに低い売上数値を出しても大丈夫？　と心配になるかもしれません。でも、何度もお伝えしている通り、必要なのは売上金額ではありません。返済できるかどうかが重要です。とはいえ、返済金額と家計費を考えると、この営業利益12万円というのは少なすぎます。

お店をオープンする時に、スタッフを採用したいと考えている方は多いのですが、現実的な事業計画を立ててみると、開業当初からスタッフを採用することが難しいことが分かります。もし、オープン段階からスタッフを採用するのであれば、分配率コントロール上の人件費の予算は20．5万円ありますが、家賃や減価償却費などの不動産コストを12万円以内、返済と家計費を含めて12万円に抑える必要があります。

たとえ、家賃の安い物件で、内装工事などの投資額を徹底的に抑え、不動産コストを12万円以内にしたとしても、返済額と家計費は少なすぎます。

自己資金、身内からのサポートがあったとしても開業当初から事業用資金以外のお金、身内からのサポートを当てにした考え方は望ましくありません。

スタッフには20万円支払っても、返済したら自分には生活費も何も残らない。そんな計画になってしまいます。

逆に、スタッフの採用をしばらく行わないとなると、今の人件費予算20．5万円を他の項目の予算として使うことができます。

人件費に0円、不動産コストを10万円増やして22万円にすると、営業利益は22．5万円となります。不動産コストに含まれる減価償却費を加えると、返済も家計費も十分支払うことができる計画にすることが出来ます。

スタッフを採用しても良いのか、採用するとしたら給料はいくらまで払えるのか、いくらまでの家賃であればお店は成り立つのか、毎月の返済額はいくらに抑える必要があるのか、この「分配率コントロール」の考え方を使えば、はっきりと確認することが出来ます。

絶対にやってはいけないのは、不動産コストの上限が20万円なのに、家賃25万円の場所で出店を決める事。人件費の予算は15万円なのに、20万円の給料を支払う約束をして採用すること。

「頑張ればなんとかなる！」

「確かに家賃は高いけど、この場所は最高にいい場所だからすぐに払えるように

【図表3-2-3】 月間売上70万円　スタッフ採用なし

項目	金額	分配率	コメント
月　間　売　上	70万円		
材料費（15%）	10.5万円		
粗　利　益　額	59.5万円	100	
人　件　費	20.5万円	35	20.5万円までが上限
不動産コスト	12万円	20	12万円までが上限
販促広告費	3万円	5	3万円までが上限
それ以外の費用	12万円	20	12万円までが上限
営　業　利　益	12万円	20	上限を守ると確保できる利益

なる！」

「採用したスタッフにもお客様が付いているので、きっと大丈夫！」

お店を開業した直後から美容室経営が行き詰ってしまう典型的な悪例です。大人はこれをやってしまいます。子供は、100円が予算なら100円で買えるものを探す工夫をします。

頑張ればなんとかなる。でも、現実はなんともなりません。

美容室の開業を博打にしては絶対にダメです。

○「経費の分配率コントロール」は、お店をオープンした後にも使えます。

「経費の分配率コントロール」の考え方は、融資の創業計画書の作成に利用できますが、もちろん、すでに経営している美容室の経営にも活用することができます。

創業融資を受けた後、いよいよ美容室経営がスタートします。ここからは融資を受けるための目的ではなく、必ず生存し続ける美容室経営をするために「経費の分配率コントロール」を活用します。

経営が上手く行かなくなった時、どんな手順で対策を打つと思いますか？

ほとんどの人は、利益を確保するために、もっと売上を上げようと努力します。でも、現実はなかなか上手く行きません。

下の図を見て下さい。真ん中の逆三角形の意味は、打つべき対策の種

【図表3-2-4】「経費の分配率コントロール」の活用

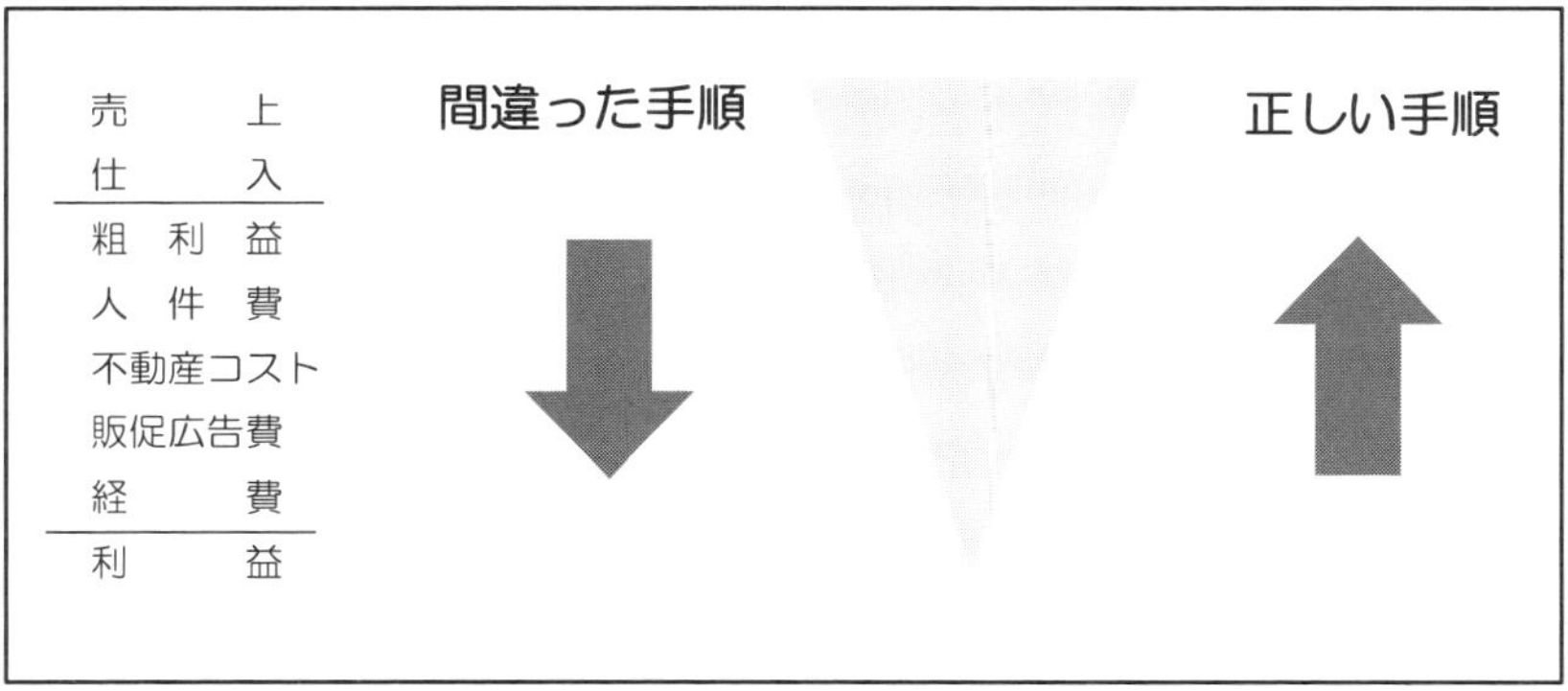

類の数を意味しています。

改善するための対策として、売上を上げようとすることが間違っている訳ではありません。でも、売上の上げ方はやり方がたくさんあります。経営状況が悪くなっている時は、時間に余裕はありません。数ある対策の中から、どれが自分のお店の今の状況を改善できる対策なのか、ゆっくりと選んでいる時間はありません。ほとんどの場合は緊急対策が必要です。

売上から仕入、人件費、不動産コスト、販促広告費、経費、利益と上から下に順番に手を付けるのではなく、下から上へと順番に対策を打つのが正解です。

逆三角形を見てもらうと、売上は対策の数が多く、下に行けば行くほど、打つべき対策の種類が少なくなります。もう1つの理由は、第1章でも触れましたが、売上高の意味です。

売上高というのは、お店が売った金額合計ではなく、お客様が買った金額合計です。つまり、売上は自分ではどうすることもできない、いわゆる「他力」。

でも、経費はどうかと言えば、すべて自分で決められます。支払っている金額が高いと思えば、契約内容を見直したり、取引先を変えてみたり、「自力」で選択することができます。売上は「他力」で、経費は「自力」。だから、経営の状況が悪くなった時の対策の打つべき手は、まずは選択肢の少ない下から順番に、「自力」の経費から「分配率コントロール」を使って、経営を改善するというのが正しい手順です。

実際の美容室のお客様に提供している「経費の分配率コントロール表」です。実際に美容室を開業した後のイメージを持つことはとても大切なことです。基本的な考え方は創業計画書の使い方と同じです。

〝すべてが予算内に収まっているか〟が重要です。

分配率で決められた予算内に収まっている限り、返済も出来るし、利益も確保できる。美容室経営としては生存

【図表3-2-5】経費の分配率コントロール表

サロン名　ヘアーサロン○○

集計報告期間　自Ｈ　29年　1月
至Ｈ　29年　6月

【数値管理表】　（単位：千円）

		合計	1店舗目	2店舗目
	売上高	10,587	10,587	
	売上原価	2,957	2,957	-
	粗利益高	7,630	7,630	-
	在庫高	256	256	
人件費	専従者給与	1,200	1,200	
	給与	1,442	1,442	
	法定福利費	10	10	
	教育研修費	-		
	福利厚生費	-		
	人件費合計	2,652	2,652	-
不動産・設備費	水道光熱費	366	366	
	車両費	-		
	リース料	34	34	
	減価償却費	-		
	地代家賃	1,120	1,120	
	設備備品費	-		
	不動産・設備費合計	1,520	1,520	-
販売費	広告宣伝費	300	300	
	販売促進費	-		
	販売費合計	300	300	-
管理費	サービス費	-		
	旅費交通費	-		
	通信費	17	17	
	図書費	-		
	交際費	255	255	
	消耗品費	326	326	
	修繕費	-		
	支払手数料	247	247	
	支払保険料	-		
	会議費	22	22	
	諸会費	-		
	租税公課	-		
	雑費	194	194	
	図書教育費	-		
	管理費合計	1,061	1,061	-
利益	営業利益	2,097	2,097	
	経常利益	2,097	2,097	
人時生産性	労働時間	-		

【分配率管理】

	合計	1店舗目	2店舗目	基準分配率※	許容範囲
売上高	100.00% %	100.00% %	%	%	%
売上原価	27.93% %	27.93% %	%	%	%
粗利益高	72.07% %	72.07% %	%	100 %	100 %
労働分配率	34.76% %	34.76% %	%	35 %	35~40 %
コメント	基準範囲内です。				
人時生産性	円	円	円		
	1人1時間あたり、どれだけ粗利益高を稼いだか?				
設備分配率	19.92% %	19.92% %	%	20 %	15~26 %
コメント	基準の範囲内です。				
	問題はありません。				
販促分配率	3.93% %	3.93% %	%	5 %	5~10 %
コメント	基準の範囲内です。				
管理分配率	13.91% %	13.91% %	%	20 %	15~24 %
コメント	基準の範囲内です。				
対応策					
利潤分配率	27.48% %	27.48% %	#DIV/0! %	20 %	15~25 %
	粗利の内、20%を利益として残すことを目標としています。				

※基準分配率とは※ サロン業界で、この範囲内に数値を収めると利益を維持することができる基準数値です。

【予算計画】

年間売上予算総額を入れてください。　年間予想売上高　20,000,000　円

あなたのサロンで、年間に使える人件費は、　5,044,866　円です。月額では　420,406　円　です。

あなたのサロンで、年間に使える不動産コストは、　2,882,781　円です。月額では　240,232　円　です。

あなたのサロンで、年間に使える広告費は、　720,695　円です。月額では　60,058　円　です。

し続けることが出来ます。

例えば、販促広告費の分配率が今は3％使っている。私のお店では、販促分配率を最大5％使っても必要な営業利益は確保できるので、あと残り2％の予算を使って、追加でキャンペーンやイベント広告、今の広告媒体のランクを上げたコースを選択するなどの判断基準とすることもできます。

人件費についても、分配率の上では余裕があるので、スタッフのボーナスにいくらぐらい使うことが出来るのかとか、今は個人事業なので社会保険に加入していないが、今の人件費の状況だと、社会保険に加入しても経営上は問題ないなどの判断もすることができます。

予算内に収まっているかどうか、計画通りの経営が出来ているかどうかが、必ず生存できる美容室経営をする秘訣です。

3 実際の事業計画書を公開します

ここからは実際の美容室開業融資の成功事例をご紹介します。

金融機関に提出する創業計画書には、ただ金額を入れるだけではありません。どんな背景があって、だれが、どの場所で、どのような美容室経営を考えているのかで変わってきます。

ここでご紹介するのは、美容室の開業相談をする際に作成しているヒアリングシートです。開業希望の方とヒアリングシートです。開業希望の方とのヒアリングを通して、金融機関に提出する創業計画書を作成します。開業希望の方とヒアリングをしながら、売上、経費、利益の数値計画、内装工事、機材、運転資金などの投資計画を作成します。ヒアリングシートを一緒に作成することで、創業計画書に使う数値の根拠を明確に把握でき、借入面談でも自信をもって挑むことが出来ます。

ここにあるのはすべて融資が成功した際に作成したヒアリングシートです。

実際に融資が成功した事例の中から、どんな創業計画書を作成すべきなのかを考える上で参考にしてください。

① 立地探しに1年以上　希望の立地が見つかるまで開業を待ったケース

- 開業時期　　平成28年6月
- 自己資金　　100万円
- 融資希望額　1,000万円
- 融資獲得額　1,000万円（希望額満額）

・店舗の規模　セット面　4面　シャンプー台　2台

【開業までの状況】

初めて開業相談をした時は開業する場所は決まっておらず、勤務していたお店にも退職することは伝えていない状態でした。

自己資金は少なめで70万円程度。融資の受け方ではなく、「開業するためにどんな準備をしたら良いのか?」というご相談でした。

郊外型の美容室に必要な立地の条件として、

①セット面4面以上の設置ができること
②店舗の前面、もしくは側面に4台以上の駐車場があること
③駐車場の出入り口が出入りしやすいこと
④道路を車で走りながらでも、お店の存在が確認できること
⑤中央分離帯のない道路であること（生活道路）
⑥交差点内でないこと

などがあります。

これから立地を探す際に不動産業者に家賃の予算額だけではなく、この条件も一緒につけて立地探しをしました。不動産業者からの物件情報を毎回伝えて頂き、立地診断を何度も行いました。最初のお問い合わせから物件決定までの期間は、約1年かかりました。

見つかった物件は、美容室の居抜き物件。お店の前にスーパーマーケットがあり、メインターゲットの客層が頻繁に来店する立地。ターゲット客層に合わせてキッズスペースを確保し、お客様からの分かりやすさを最優先した

【図表3-3-1】

【開業情報】

氏名	○○　○○	性別	男性
扶養情報	あり	子供	２人
開業時期	Ｈ２８．６		
開業予定地	愛知県名古屋市○○○		
駐車場台数	4台		
サイト・ロケーション	前面にスーパーマーケット　サイドからの視界は良好		
月額家賃	145,000 円		
保証人	なし		
認定借入の予定	あり		
税理士関与の予定	あり		

【事業計画について】

	創業時		軌道時	
開業時期	H28.9		H29.3	
客単価	7,000	円	7,500	円
セット面	4	台	4	台
シャンプー台	2	台	2	台
回転数	1	回転	1.2	回転
一日の来店客数	4	人	6	人
月の稼働日数	25	日	25	日
店販（月）	50,000	円	100,000	円
スタッフの人数				
スタイリスト		人		人
アシスタント		人		人
オーナー	1	人	1	人
合計	1	人	1	人
給与の額				
スタイリスト	-	円	-	円
アシスタント	-	円	-	円
オーナー	-	円	-	円
合計	-	円	-	円

【資金調達について】

内装工事の総額	5,000,000	円	
美容機材の総額	1,600,000	円	
開業当初の仕入額	500,000	円	
告知費用	1,000,000	円	
３か月運転資金	900,000	円	
その他費用	2,000,000	円	保証金65万
合計	11,000,000	円	
自己資金	1,000,000	円	
親族からの借入		円	
既にある借入		円	
これから借りる予定	10,000,000	円	返済月数　120
合計	11,000,000	円	

【単：月】

	分配率	創業時	軌道時	上限金額
売上高		750,000	1,000,000	
売上原価	15	112,500	150,000	
粗利益		637,500	850,000	
人件費	40	-	-	255,000
家賃	15	145,000	145,000	95,625
減価償却費		50,000	50,000	
水道光熱費		37,500	50,000	
販促費	5	31,000	50,000	31,875
他管理費	20	150,000	200,000	127,500
支払利息		10,000	10,000	
合計		423,500	505,000	
営業利益	20	214,000	345,000	127,500
借入返済額		83,333	83,333	
残りのキャッシュ		180,667	311,667	

【確認事項】

自己資金　生活用通帳１００万円
両親からのサポート　あり　１００万円
妻の収入　あり　月額１５万円
引継ぎ顧客　０名
居抜き物件の譲渡価格の値引き交渉必要
内装業者　当事務所より紹介
美容機材　当事務所より紹介

【その他】

店舗保証金　６５万円
居抜物件譲渡価格　１５０万円
内装工事見積額　３５０万円

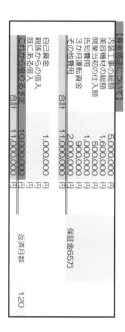

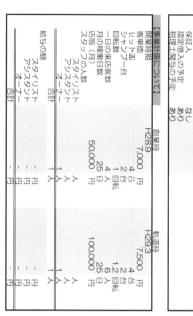

集客しやすい看板、外装にしました。

立地を探している間に自己資金の準備を行い、融資面談までには自己資金は100万円貯まりました。

自己資金が少ない開業でしたので、美容室の内装コスト、美容機材のコストに制限が出てきてしまいます。立地の良さと居抜き物件の為、内装の工事費用を比較的少なくできたことが融資が成功したポイントと言えます。

【開業した後の状況】

固定のお客様がいない状態でのオープンでした。ホットペッパービューティーへのオープン段階からの掲載、地域への折り込みチラシでの集客だけではなく、全面にあるスーパーマーケットに来るお客様が、お店の看板、外装だけを見て来店するケースが多くありました。以前のお店も美容室でしたが、ほとんどのお客が、この場所に美容室があることを知りませんでした。看板を見て来ました、というお客様が毎月数名は来店されるそうです。

オープン2か月目で創業時の売上計画の月額75万円を達成し、3か月目には軌道に乗った時期の売上計画の月額100万円を達成しました。

集客に関しては、分かりやすい看板が決め手になりました。限られた予算、絶対に成功しなければいけない環境の中、1つでも多く有利な選択をして開業したことが、融資の成功だけではなく、短い期間で経営を軌道に乗せられた理由です。

②　タンス預金で１００万円　タンス預金を自己資金として認めてもらったケース

- 開業時期　平成28年10月
- 自己資金　通帳50万円　タンス預金１００万円
- 融資希望額　１，３００万円
- 融資獲得額　１，３００万円（希望額満額）
- 店舗の規模　セット面　４面　シャンプー台　２台

【開業までの状況】

自分名義の通帳には50万弱のお金。通帳以外に現金でずっと貯めてきたお金が１００万円。１００万円は７年前から給料を現金で受け取った後、生活に必要なお金を通帳に入金し、残りをずっと貯めてきたお金でした。

タンス預金は金融機関から見ると基本的には自己資金として認められないため、過去数年分の給与からどのようにタンス預金として貯金してきたのか金融機関に対して説得できる資料を作りました。

具体的には、自動車ローン、携帯電話代、家賃の支払いなどの生活に必要な金額を書き出し、受け取った給与と照らし合わせて、これぐらいは残っているという証拠を作りました。

妻名義の通帳にも、開業に向けた資金として貯金していたお金がありましたが、融資の申込としては自己資金としては扱わず、万が一のための資金として確保しました。

立地に関しては、生活道路で、店舗前に６台の駐車場がある場所でしたが、坪数が大きく、月額家賃が高いことがネックでした。

【図表3-3-2】

【開業情報】

氏名	○○　○○	性別	男性
扶養情報	あり	子供	なし
開業時期	H28．10		
開業予定地	愛知県岡崎市○○○		
駐車場台数	6台		
サイト・ロケーション	店舗前に6台の入りやす駐車場。生活道路で入り口も広い。		
月額家賃	200,000 円		
保証人	なし		
認定借入の予定	あり		
税理士関与の予定	あり		

【事業計画について】

	創業時		軌道時	
開業時期	H28.10		H29.3	
客単価	8,000	円	8,500	円
セット面	4	台	4	台
シャンプー台	2	台	2	台
回転数	1	回転	1.2	回転
一日の来店客数	4	人	6	人
月の稼働日数	25	日	25	日
店販（月）	100,000	円	150,000	円
スタッフの人数				
スタイリスト		人		人
アシスタント		人		人
オーナー	1	人	1	人
合計	1	人	1	人
給与の額				
スタイリスト	-	円	-	円
アシスタント	-	円	-	円
オーナー	-	円	-	円
合計	-	円	-	円

【資金調達について】

内装工事の総額	7,000,000	円		
美容機材の総額	2,300,000	円		
開業当初の仕入額	800,000	円		
告知費用	1,000,000	円		
3か月運転資金	900,000	円		
その他費用	2,500,000	円	保証金50万	
合計	14,500,000	円		
自己資金	1,500,000	円		
親族からの借入		円		
既にある借入		円		
これから借りる予定	13,000,000	円	返済月数	120
合計	14,500,000	円		

【単：月】

	分配率	創業時	軌道時	上限金額
売上高		900,000	1,170,000	
売上原価	15	135,000	175,500	
粗利益		765,000	994,500	
人件費	40	-	-	306,000
家賃	15	200,000	200,000	114,750
減価償却費		70,833	70,833	
水道光熱費		45,000	58,500	
販促費	5	35,000	50,000	38,250
他管理費	20	200,000	200,000	153,000
支払利息		10,000	10,000	
合計		560,833	589,333	
営業利益	20	204,167	405,167	153,000
借入返済額		108,333	108,333	
残りのキャッシュ		166,667	367,667	

【確認事項】

生活費の通帳に50万
タンス預金で100万円
妻が開業資金の一部を妻名義の通帳で貯蓄100万円
父親が店舗設計事務所を経営しているため、内装工事費用は大幅コストダウン
既存客200名程度が見込まれる

【その他】

店舗保証金　50万円

当初はスタッフを採用しての開業を希望していましたが、坪数が大きいことによる内装コストの上昇、店舗家賃が高額になり、その上、当初からスタッフを採用することは経営を成立させる上で厳しいことをお伝えし、軌道時の売上を達成するまではスタッフ採用を見送ることとなりました。

不動産コストは予算を超えていますが、スタッフ採用を見送ることで人件費の予算を不動産コストに回すことで利益を確保した創業計画を作成しました。

勤務していたお店から許可を受け、お客様の引継ぎが可能であった事。以前の勤務先から車で5分程度しか離れていない場所での開業であったため、固定客の来店見込が高かったこと。以前の勤務先での店長としての経験から予定する創業時の売上高は達成できる見込みが高かった点は融資の面談でもプラス材料となりました。

総投資額が大きく、自己資金の割に借入金額が多額であるため、当初は立地の変更を提案しました。内装コストに対して、身内に店舗デザイン会社の社長さんがいたため、レイアウトの抜本的な見直し、使用する材料の変更など細かな相談にも応じてもらえたこともあり大幅にコスト削減が出来ました。他の業者で見積もりをした際は1，200万円でしたので、500万円近くのコスト削減となりました。

内装コストだけではなく、美容機材に関しても必要最低限の設備投資として、経営が軌道に乗り出してから自分の欲しい設備を導入するために、可能な限りのローコスト出店を選択しました。

【開業した後の状況】

自分一人だけでオープンするので人手が限られることと、見込の固定客が200名前後いて、既に予約を入れてくれている見込の固定客の方に迷惑を掛けずに来店してもらいたいという強い希望から、オープン前とオープン月は折り込みチラシ、インターネット、雑誌掲載などの事前告知活動は行いませんでした。

以前の勤務先からの距離が近かったこと、顧客への営業の許可を受けていたことがオープン月の売上を大きく支え、事前告知を行わなくても創業時の売上計画を達成することは出来ました。

しかし、オープン2か月目、予定していた事態ではありましたが、固定客の来店が一巡し、創業時の売上計画を下回る期間が4か月近く、厳しい資金繰りの状態が続いてしまいました。

告知活動は2か月目よりホットペッパービューティーの掲載、折り込みチラシの配布を開始し、軌道時の売上を達成したのはオープンから半年後でした。

1人でやるのだから、お断りをするのは申し訳ないから、理由はいろいろありますが、オープンに際して事前の告知活動を行わないと、オープン月は良くても、その後の資金繰りに大きく悪影響を与えます。

美容室は事前告知が必要な業界です。そして、お客様に自分のお店の存在を知ってもらうには時間がかかります。このケースでは、事前告知を行わない事に対する資金繰りリスクに対応するため、融資を受ける際に借入の返済に対して、利息だけを支払い、元本の返済を行わない据置期間を5か月設定しました。

リスク対策は行っていたとは言え、より確実に生存するための選択をする必要があります。

③ 2人の美容師が共同経営で美容室を開業したいと相談に来たケース

- 開業時期　平成28年10月
- 自己資金　通帳300万円　共同経営者の自己資金　通帳300万円
- 融資希望額　1,000万円
- 融資獲得額　1,000万円（希望額満額）
- 店舗の規模　セット面　8面　シャンプー台　5台

【図表3-3-3】

【開業情報】

氏名	○○　○○	性別	男性
扶養情報	あり	子供	なし
開業時期	Ｈ２８．１０		
開業予定地	愛知県岡崎市○○○		
駐車場台数	１０台		
サイト・ロケーション	美容室チェーン店の跡地　駐車場１０台		
月額家賃	250,000 円		
保証人	なし		
認定借入の予定	あり		
税理士関与の予定	あり		

【事業計画について】

	創業時		軌道時	
開業時期	H28.10		H29.3	
客単価	7,500	円	8,000	円
セット面	8	台	8	台
シャンプー台	5	台	5	台
回転数	1	回転	1.3	回転
一日の来店客数	8	人	11	人
月の稼働日数	26	日	26	日
店販（月）	100,000	円	150,000	円
スタッフの人数				
スタイリスト	1	人	1	人
アシスタント	1	人	2	人
オーナー	1	人	1	人
合計	3	人	4	人
給与の額				
スタイリスト	300,000	円	300,000	円
アシスタント	200,000	円	450,000	円
オーナー	-	円	-	円
合計	500,000	円	750,000	円

【資金調達について】

内装工事の総額	6,000,000	円	
美容機材の総額	2,000,000	円	
開業当初の仕入額	500,000	円	
告知費用	1,000,000	円	
３か月運転資金	500,000	円	
その他費用	3,000,000	円	保証金150万
合計	13,000,000	円	
自己資金	3,000,000	円	
親族からの借入		円	
既にある借入		円	
これから借りる予定	10,000,000	円	返済月数　120
合計	13,000,000	円	

【単：月】

	分配率	創業時	軌道時	上限金額
売上高		1,660,000	2,313,200	
売上原価	15	249,000	346,980	
粗利益		1,411,000	1,066,220	
人件費	40	500,000	750,000	564,400
家賃	15	250,000	250,000	211,650
減価償却費		61,111	61,111	
水道光熱費		83,000	115,660	
販促費	5	35,000	50,000	70,550
他管理費	20	200,000	300,000	282,200
支払利息		10,000	10,000	
合計		1,139,111	1,536,771	
営業利益	20	271,889	429,449	282,200
借入返済額		83,333	83,333	
残りのキャッシュ		249,667	407,227	

【確認事項】

共同経営で美容室を起業したい
お店で発生した利益は共同経営者で分配したい
自己資金はそれぞれで３００万円準備している
大型店舗の跡地のため坪数が大きく不動産コストが若干高い
法人での開業も検討している
スタッフ採用の助成金を活用したい

【その他】

店舗保証金１５０万円
居抜き物件
内装工事見積額６００万円

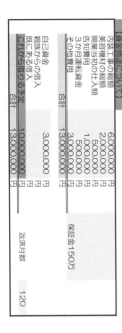

【開業までの状況】

同じ美容室で勤務していた2人が共同で美容室を開業したいという相談を受けました。

共同経営で美容室を開業する場合、まず問題となるのは店舗の不動産賃貸契約とお金の借入です。店舗の賃貸契約の借主には、共同経営の2人の連名ではなく、どちらか一方となります。連帯保証人としてもう1人も契約書に名前を載せることはできますが、あくまでも借主はどちらか1人。融資に関しても、2人がそれぞれ創業融資を受けることは基本的には出来ません。

それぞれが別々の店舗でお店の経営をする場合なら可能ですが、今回の様に、1つの店舗で共同経営をするという場合には、原則として1店舗1融資となり、どちらか1人が創業融資を受けることになります。

共同経営で問題となるのは、責任と利益をどうやって分けるのか、です。開業した後に2人の関係性が悪くなる可能性もゼロではありません。創業計画を立てる段階からそれぞれの責任の取り方、利益の分け方をしっかりと決めておく必要があります。

共同経営として2人で負う責任、利益の分け方を明確に決めるなら、個人事業ではなく、株式会社などの法人で起業することの方が望ましいです。法人であれば、不動産契約も創業融資の契約者も法人にすることができ、法人から受け取る報酬も同じ額にすれば、責任と利益も同じように分けることが出来ます。

今回のケースでは、美容室を法人で経営する場合に発生する問題（設立費用の負担、社会保険の強制加入など）を考慮して個人事業で行い、お互いに納得の下で、不動産の契約者、創業融資の契約者は1人に決めて、もう1人は給与を受け取る従業員という形で経営をすることになりました。

【開業した後の状況】

もともと美容室の大型店舗が出店していた場所で、集客力のある立地であったこと。2人とも以前に勤務していたお店では固定客を多く持っていたこともあり、創業時の売上計画の数値はオープン月で達成しました。

共同経営者としてのスタッフ給与は、経営が軌道に乗るまでは支払わないという話は出来ていましたが、共同経営者以外のスタッフには必ず支払わなければいけません。オープン段階からのスタッフ採用はとてもリスクが高くなります。計画した売上が達成できなければ、せっかく自分の店に来てくれたスタッフを解雇しなければいけなくなることもあり得ます。

今回のケースでは、オープン段階からの必要売上が達成できる見込みが高かったため、オープン時からのスタッフ採用が可能でした。

スタッフ採用が無ければ売上が上がらないのは事実ですが、売上がどれだけ高くても利益が無ければ、借入の返済も出来ません。

売上ではなく利益を重視した創業計画を立てることがとても重要です。

④ 居抜き物件での出店で、投資額を抑えることが出来たケース

- 開業時期　平成28年9月
- 自己資金　通帳100万円　タンス預金50万円
- 融資希望額　600万円
- 融資獲得額　600万円（希望額満額）
- 店舗の規模　セット面　3面　シャンプー台　2台

【図表3-3-4】

【開業情報】

氏名	○○　○○	性別	女性
扶養情報	あり	子供	あり
開業時期	H28．9		
開業予定地	愛知県春日井市○○○		
駐車場台数	8台		
サイト・ロケーション			
月額家賃	185,000 円		
保証人	なし		
認定借入の予定	あり		
税理士関与の予定	あり		

【事業計画について】

	創業時		軌道時	
開業時期	H28.9		H29．3	
客単価	7,000	円	7,500	円
セット面	3	台	3	台
シャンプー台	2	台	2	台
回転数	1.2	回転	1.4	回転
一日の来店客数	4	人	5	人
月の稼働日数	25	日	25	日
店販（月）	50,000	円	100,000	円
スタッフの人数				
スタイリスト		人		人
アシスタント		人		人
オーナー		人		人
合計	0	人	0	人
給与の額				
スタイリスト	-	円	-	円
アシスタント	-	円	-	円
オーナー	-	円	-	円
合計	-	円	-	円

【資金調達について】

内装工事の総額	1,700,000	円	
美容機材の総額	1,500,000	円	
開業当初の仕入額	400,000	円	
告知費用	1,000,000	円	
3か月運転資金	800,000	円	
その他費用	2,100,000	円	保証金120万
合計	7,500,000	円	
自己資金	1,500,000	円	
親族からの借入		円	
既にある借入		円	
これから借りる予定	6,000,000	円	返済月数　120
合計	7,500,000	円	

【単：月】

	分配率	創業時	軌道時	上限金額
売上高		680,000	887,500	
売上原価	15	102,000	133,125	
粗利益		578,000	754,375	
人件費	40	-	-	231,200
家賃		185,000	185,000	
減価償却費	15	30,278	30,278	86,700
水道光熱費		34,000	44,375	
販促費	5	30,000	30,000	28,900
他管理費	20	150,000	200,000	115,600
支払利息		10,000	10,000	
合計		439,278	499,653	
営業利益	20	138,722	254,722	115,600
借入返済額		50,000	50,000	
残りのキャッシュ		119,000	235,000	

【確認事項】

複数店舗を経営している方からの紹介で既存店舗を譲渡
居抜き物件の譲渡価格は100万円
既存の美容機材を出来るだけ使用する
店舗名は変更する
自己資金は通帳に100万円　50万円はタンス預金

【その他】

保証金120万円
融資額はできるだけ少なくしたい
投資額はできるだけ少なくしたい

【開業までの状況】

居抜き物件の売主は、その物件での売上が頭打ちとなり、さらに規模拡大をするために他の店舗への移転を検討していました。

居抜き物件で問題となるのは、以前の経営者が資金繰りなどで苦しんでいた物件の場合、他の人がやったらうまく行くケースはほとんどない、ということです。

経営者の力ではどうにもならない問題がほとんどです。今回は、前の経営者の退店理由が規模拡大であることから、出店立地としては望ましい状態でした。

自分だったら上手くやれるという過信はとても危険です。居抜き物件の場合は、退店理由を可能な限り情報として集める必要があります。情報を集めることが難しい場合は、自分なりでも良いので、退店理由を洗い出し、自分がお店を出したことを想定しながら、その理由をクリアーできるかどうかをしっかりと吟味することが必要です。

自己資金が少ない事もあり、あまり大きな借入は当初から望んでいませんでした。出来る限り借入は少なくしたい。そんな要望を受けて、創業計画を作成しました。

内装工事については、建築業者と相談し、新しいお店に変わったことをしっかりとアピールできるように看板と外装デザインには予算を投下して、内装については出来る限りお金を使わないように設計をしました。

美容機材については、どうしても導入したい個室エリアで使用するシャンプー台以外は、既存の美容機材と中古機材の導入で対応する計画でした。

当初の借入予定額は４００万円でした。その理由は、借入が必要なのは内装と美容機材だけで、あとは自己資金で何とかなると考えていたためです。

なるべく借入は少なくしたい。大きなお金を借りるのは怖い。はじめのうちは４００万円の借入にこだわっていましたが、設備投資分だけのぎりぎりの借入にすると、オープンした後の運転資金に余裕がないため集客活動ができず、経営が軌道に乗るまで相当な時間が必要になってしまうことをお伝えしました。

経営が軌道に乗るまで時間がかかるパターンのほとんどは資金不足が原因です。また、開業して1年以内にお店の経営が出来なくなるのも、この理由による場合がほとんどです。融資の金額は、設備資金と通常の営業をするための運転資金だけでなく、集客のための活動資金の3つを重視して計画を立てる必要があります。

【開業した後の状況】

以前のお店が集客力のあるお店であったことから、経営者が変わり、お店の雰囲気が変わったとしても、ある程度の集客は見込めるのではないかと考えていたようですが、現実にはほとんど以前の店のお客様は来店しませんでした。

以前の勤務先での担当顧客を優先して対応したいという強い要望があり、ホットペッパービューティーなどの集客サイト、オープン前の折り込みチラシなどの配布を行わなかったため、オープンから2か月間の新規集客はほとんどありませんでした。

創業時の予定売上は初月で達成しましたが、そこからの売上が停滞し、新規客の増加がないまま、オープンのお祝いで来てくれたお客様のリピートも上手く行かず、3か月目までは厳しい状況が続きました。

止めやすい駐車場が8台分と、キッズスペースがあることが売りでしたので、駐車場の存在を分かりやすく示し、キッズスペースの写真を取り入れた看板を出すことで、3か月目に入ってから少しずつ新規客も増加し始めました。

2か月目の時点で客数の伸び悩みに焦りを感じ、ようやく告知活動を開始。折り込みチラシと地域雑誌へのオープン告知を行いました。

結果として、告知活動の効果が出てきたのは6か月経過した頃でした。新規で来店して頂いたお客様が固定化し始め、事業計画で立てた軌道に乗った時の売上を達成したのは9か月経過後でした。

見込の固定客が来てくれるはず。開業で最も怖いのは思い込みです。

自分の思い込みは一旦置いて、美容室の集客には事前告知が必要であることをしっかりと肝に命じて開業準備をすることが大切です。

⑤ 面貸サロンでの開業のケース

- 開業時期　平成28年3月
- 自己資金　通帳300万円　両親からの資金援助100万円
- 融資希望額　1，000万円
- 融資獲得額　1，000万円（希望額満額）
- 店舗の規模　セット面　8面　シャンプー台　3台

【開業までの状況】


面貸サロンで美容室を開業したいという希望でした。これまで働いてきたお店で、受け取る報酬の金額が多かった為、自分のお店のスタッフにも出来るだけ多くのお金を渡してあげたいというのが一番の理由でした。

一般的な美容室と面貸サロンの違いは、経営者と働くスタッフとの契約の内容が変わることです。一般的な美容室は、経営者とスタッフは雇用契約を結びます。面貸サロンの場合は、雇用契約ではなく請負契約になります。法律上は厳密に分けられていますが、簡単に言えば、雇用契約の場合は、スタッフがお店の経営者に対して「労働に従事すること」を約束して、お店の経営者がスタッフに対して報酬を支払うことを約束することにより成立する契

【図表3-3-5】

【開業情報】

氏名	○○　○○	性別	女性
扶養情報	なし	子供	なし
開業時期	H28．3		
開業予定地	愛知県名古屋市○○○		
駐車場台数	4台		
サイト・ロケーション	隣地に有料パーキング　ビル2F		
月額家賃	225,000 円		
保証人	なし		
認定借入の予定	あり		
税理士関与の予定	あり		

【事業計画について】

	創業時		軌道時	
開業時期	H28.3		H28.10	
客単価	5,000	円	5,000	円
セット面	8	台	8	台
シャンプー台	3	台	3	台
回転数	1.5	回転	2	回転
一日の来店客数	12	人	16	人
月の稼働日数	27	日	27	日
店販（月）	50,000	円	100,000	円
スタッフの人数				
スタイリスト	1	人	3	人
アシスタント		人		人
オーナー	1	人	1	人
合計	2	人	4	人
給与の額				
スタイリスト	250,000	円	800,000	円
アシスタント	-	円	-	円
オーナー	-	円	-	円
合計	250,000	円	800,000	円

【資金調達について】

内装工事の総額	7,000,000	円		
美容機材の総額	2,000,000	円		
開業当初の仕入額	700,000	円		
告知費用	1,000,000	円		
3か月運転資金	300,000	円		
その他費用	3,000,000	円	保証金120万	
合計	14,000,000	円		
自己資金	4,000,000	円		
親族からの借入		円		
既にある借入		円		
これから借りる予定	10,000,000	円	返済月数	120
合計	14,000,000	円		

【単：月】

	分配率	創業時	軌道時	上限金額
売上高		1,670,000	2,260,000	
売上原価	15	250,500	339,000	
粗利益		1,419,500	1,921,000	
人件費	40	250,000	800,000	567,800
家賃	15	225,000	225,000	212,925
減価償却費		66,667	66,667	
水道光熱費		83,500	113,000	
販促費	5	150,000	200,000	70,975
他管理費	20	200,000	200,000	283,900
支払利息		10,000	10,000	
合計		985,167	1,614,667	
営業利益	20	434,333	306,333	283,900
借入返済額		83,333	83,333	
残りのキャッシュ		417,667	289,667	

【確認事項】

面貸サロンでの開業を希望
採用するスタッフは、以前の面貸サロンでの同僚
自己資金は通帳３００万円　１００万円は両親からの資金援助
駐車場が不足するため、隣地の有料パーキングの空き状況の把握が必要
客単価が低いため、オペレーションの力が必要
面貸スタッフとの契約書の作成が必要

【その他】

保証金120万円

約です。働くから給料下さいね、分かりました、支払いますよ、という約束です。

請負契約とは、スタッフが仕事の完成を約束し、お店の経営者がその仕事の結果に対して報酬を支払うことを約束する契約です。お客様を施術したら○○円支払いますね、はい、分かりました、という約束です。

請負契約では、労務の供給そのものが目的ではなく、仕事の完成が目的である点に最大の特徴があります。

雇用契約か請負契約の違いは、雇用契約書を作るか、請負契約書を作るかという単純な違いでは済まない場合があります。本来は契約の問題なのですが、雇用契約のような実態があるのに、契約書上だけ請負としていても税務署や労働局などからは働き方の実態で判断されることがあるので注意が必要です。

社会保険の加入や所得税や消費税などの税金関係でも大きな違いが出てきますので、しっかりとした知識がないまま面貸サロンを経営することは絶対にしてはいけません。

今回のケースでは、請負契約でスタッフを採用する場合の注意点、実際の運用方法などをしっかりと理解した上でのスタートとなりました。

開業当初から一緒に働くスタッフは、もともと一緒の美容室で働いていた同僚。相談者の方と同じくらいの顧客数を持ち、立地も以前のお店から近いこともあり、2人とも、ほぼお客様の引継ぎが可能であったことが高い売上計画の根拠となりました

セット面の数は8面、客単価を5，000円、客層は20代前半。お店の回転数を意識した創業計画。相談者の方の当初の売上計画では月額200万円でしたが、立地がビルの2階であること、オープン時のスタッフの人数など現実的な問題を考慮し160万円前後の予測をしました。

【開業した後の状況】

開業月の売上は180万円。初月から計画した売上を達成しました。オープン時は2人だけではなく、友人スタ

イリスト2人にも応援をお願いし、何とかオペレーションを回しました。客単価が低い設定であることと、以前の勤務先での見込固定客を含め、オープン告知をしっかりと準備していたことがスタートダッシュ出来た理由です。ただ、友人スタイリストの応援が無ければ、オペレーションが回らずにクレームが生まれていた可能性が高いです。

初回来店時のクレームは要注意です。ほとんどの美容室オープンでは、グランドオープンの前にプレオープンをしていますが、友人や関係者を招いてのレセプションをする方が多いようです。本来のプレオープンの目的は、オープン本番でお客様からのクレームが発生しないように問題点の洗い出しをすること。セット面の多いお店ほど、スタッフの数、お客様の数も多くなりますので、プレオープンでの確認作業は特に重要です。

集客については問題となることはありませんでしたが、お客様を受け入れるスタッフの採用が課題となりました。スタートした時は、面貸サロンとして請負契約している面貸スタッフ。次に採用する人はどうしたら良いのか。働きたい人の要望に合わせて、面貸スタッフか、雇用スタッフかを分けることは出来ません。先述したように、請負契約か、雇用契約かという問題は、それほど単純な問題ではありません。

スタッフとどんなお店を作り上げていきたいのか、給料を多くあげたいという希望は面貸でなければ叶えられないのか、など、実際にお店をオープンした後で、しっかりと打ち合わせを行いました。

結果として、当初、面貸として契約したスタッフの給与体系を見直し、雇用契約に切り替え、これから採用するスタッフの為に就業規則を作成し、雇用契約で募集活動を開始しました。オープンして4か月後には、スタッフ数は4名となり、8か月後には予定売上を大幅に上回り、300万円を早々に達成しました。

面貸の美容室は多くあります。面貸サロンが良い、悪いという問題ではなく、表面的な働き方だけを真似するのはとても危険です。出来高払いなら人件費コストが安く抑えられる、などの安易な考えは絶対にダメです。スタッフと一緒に作り上げたいお店をイメージしながら、法律面もしっかりと抑えて準備することが大切です。

第4章

開業したら忘れずに届け出しよう

美容室を開業するためには保健所、税務署、労働局など、各種の届け出が必要になります。知らないと損するだけでなく、絶対にやらなければいけない届け出もあります。どんな届け出が必要なのかを事前に確認しておきましょう。

1 開業したら保健所に届け出が必要です

【保健所の届け出のフロー】

○事前指導

営業施設の基準があるため、図面等を持参して事前に管轄の保健所で指導を受けます。

▼

○開設届の提出

出店予定地を管轄する保健所生活環境課にて受け付けています。営業開始予定日の7日前には提出が必要です。

▼

○施設の検査

保健所の環境衛生監視員が施設の検査を行います。開設届の提出後の1週間から2週間で検査が行われます。検査に合格すると電話で連絡があります。

▼

○確認済証の交付

施設の検査と所定の審査の後、届け出た保健所の窓口で確認済証が交付されます。検査を受けてから10日前後で交付されるのが一般的です。この確認済証は再発行されませんので大切に管理する必要があります。

▼

○営業の開始

ここまで来たらいよいよ営業を開始することが出来ます。

美容室（保健所の用語では美容所）を営業する場合は、営業する場所を管轄する保健所に開設の届け出をしなければなりません。

- 検査手数料　（16，000円　※愛知県の場合）
- 開設届
- 美容師について「結核・皮膚疾患・その他厚生労働大臣の指定する伝染性の疾病の有無」に関する医師の診断書（1年以内のもの）
- 管理美容師を置く場合は、その資格を証する書類
- 開設者が外国人の場合は、住民票の写し
- 美容師免許証の原本

美容師法により美容師である従業者の数が常時2人以上いる場合は、お店を衛生的に管理させるため、お店ごとに管理美容師を置かなければならないと決められています。自分（美容師）以外に、美容師資格を持った従業員を採用する場合は、必ず管理美容師資格取得者を1人以上お店に置く必要があります。開業融資を受ける際に従業員採用を検討されている場合には、管理美容師の資格の確認を受ける場合があります。

この管理美容師の資格は、美容師の免許を受けた後3年以上の美容室での勤務経験と、かつ、厚生労働大臣の定める基準に従い都道府県知事が指定した講習課程を修了した者でなければならないと規定されています。講習課程は公衆衛生を4時間、美容所の衛生管理を14時間となっています。講習は年に2回開催されています。

従業員の採用を検討されている場合には、あらかじめ管理美容師資格の取得のタイミングを確認しておくことが必要です。

確認済書を受け取り、お店の営業を開始した後でも、保健所は随時、立ち入り検査を行うことがあります。この時の検査ポイントは、衛生管理面で、特に消毒設備などの点検が中心になります。お店は不特定多数の人が出入りできる場所なので、消毒手順が守られているかどうか、お店を経営する上でも常に注意する必要があります。

2 開業したら税務署などに届出が必要です

美容室を開業したら税務署などの届出が必要です。お店をオープンしたばかりの頃は、つい忙しくて後回しにしてしまいがちです。届出の種類によっては提出が遅れたことにより損をしてしまうこともありますから、オープンしたらすぐに提出が出来るように、どんな書類が必要になるのかをあらかじめ準備をしておくことをお勧めします。

○個人事業主の場合に提出する届出の一覧

【必ず提出が必要な届け出】

①個人事業の開業・廃業等届出書

②開業（廃業）事務所等設置（移転・廃止）報告書　（個人事業税）

※所轄の県税事務所により名称や届け出義務の有無が変わります。

【提出した方がメリットがある届け出】

③所得税の青色申告承認申請書

④青色事業専従者給与に関する届出書

⑤源泉所得税の納期の特例の承認に関する申請書

⑥所得税の減価償却資産の償却方法の届出書

⑦所得税の棚卸資産の評価方法の届出書

⑧ 消費税課税事業者選択届出書

① 個人事業の開業・廃業等届出書

美容室を新しく開業した日から1か月以内に納税地を管轄する所轄税務署に提出する必要があります。開業した日というのは、法人の場合は、設立登記日があるので明確ですが、個人事業の場合（所得税法）では、明確な規定はありません。開業準備が完了した日、プレオープンとグランドオープンの日などありますが、お店にお客様を迎え入れる準備が完了した日を開業した日とするのが一般的です。

税務署に提出する場合の注意点は、提出用の届出書だけではなく、控えの資料を準備することです。いろいろな届出や金融機関でお店の名前（屋号）の入った通帳を作る際などに、この開業届出書の控えの提出が求められることがあります。作成した届出書をコピーして、コピーした届出書に赤字で「控」と記載して、税務署に一緒に提出してください。提出用を税務署が受け取り、「控」に受付印を押して返してくれます。郵送でも提出することが出来ますが、「控」の届出を返してもらう必要がありますので、切手を貼った返信用封筒と一緒に送付する必要があります。

届出書を提出する際には、本人確認書類としてマイナンバーカードを持っている方は、マイナンバーカードを、持っていない方は、本人のマイナンバーが確認できる番号確認書類と身元確認書類の提出が必要になります。

② 開業（廃業）事務所等設置（移転・廃止）報告書　（個人事業税）

美容室を新しく開業した日から1か月以内に提出が必要です。都道府県により取扱いが異なります（東京都の申告期限は15日以内)。これは個人事業税に関する届け出になります。提出先は都道府県の個人事業税を担当する機関に提出します。市町村によっては、都道府県だけでなく市町村にも開業届が必要な場合がありますので、お住まいの市町村に確認してください。

仮に届け出をしなくても、個人事業税の納税が必要な場合は、確定申告をした後で個人事業税の納付書が送られてきます。

③ 所得税の青色申告承認申請書

美容室を開業したら税金の申告を自分で行う必要があります。これまでお勤めだった方は、自分の所得税の計算と納税は勤務先のお店がやってくれていた訳ですが、これからは自分自身で手続きをする必要があります。日本の税金の制度は、納税者が自ら税法に従って所得金額と税額を正しく計算して納税する申告納税制度という仕組みになっています。つまり、自分で税金に関する法律を理解して、正しく計算して税金を納める必要があるということです。この申告の方法には青色申告と白色申告の2種類あります。

白色申告は、単式簿記と呼ばれる方法で帳簿を作成します。白色申告は帳簿が簡単というイメージがありますが、平成26年分以降は帳簿への記帳、帳簿等の保存などが義務化されていますので、帳簿の作成の負担は青色申告とさほど変わりません。

一方、青色申告は、年末に貸借対照表と損益計算書が作成できるような正規の簿記の原則と呼ばれる方法で作成する必要があります。何やら複雑に感じるかもしれませんが、クラウド会計ソフトなど、身近に使える会計ソフトが増えていますから、市販されている会計ソフトを使えば、自動的に青色申告の要件を満たすことも出来ます(本章4節参照)。

青色申告には3つのメリットがあります。

(1) 利益から65万円を差し引ける「青色申告特別控除」

青色申告の最大のメリットが、この65万円の特別控除です。利益から無条件に最大65万円が差し引かれて税金が計算されます。もし、確定申告の期限内に提出を行わない場合は、最大10万円の控除となりますので注意が必要です。白色申告には、この特別控除はありません。

(2) お店を手伝ってくれる身内への給与が経費になる「青色事業専従者給与」

原則として、身内に支払う給与は経費にすることは出来ませんが、税務署に届け出をすることで、お店の手伝いをしてくれる身内に支払う給与やボーナスも経費にすることが出来ます。

ご夫婦で美容室経営をする場合、どちらかが事業主として、どちらかがこの青色事業専従者給与を受け取るという形を取ると、世帯として考えると節税効果が高くなります。

白色申告の場合は、最大86万円が控除できる「専従者控除」というものがありますが、青色事業専従者給与の場合は、上限額は決まっていません。もちろん、届け出金額の範囲内の支払いであること、仕事の内容や範囲などからみて適切な金額であることが必要です。

(3) お店の赤字を3年間繰り越す「純損失の繰り越し」

お店をオープンした初年度は、特に使ったお金の金額も大きく、赤字になることも少なくありません。青色申告であれば、この赤字の金額を翌年以降3年間繰り越すことが出来ます。

例えば、オープン初年度の赤字が50万円だったとすると、翌年の2年目の利益からこの50万円を差し引いて計算をすることが出来ます。白色申告の場合は、赤字の50万円は切り捨てられてしまいます。9月ごろにオープンし、経費を計算してみると100万円近くの赤字だったケースがありました。残念ながら青色申告の届出を出していなかったので、この100万円の赤字は利益の出た翌年に繰り越せませんでした。オープン時は大きな投資をします。この投資は、オープンから時間をかけて回収するわけですから、オープン初年度が赤字なのは珍しいことではありません。でも、赤字が翌年に繰り越せないとなると、使ったお金が経費にできない分、本来納める必要のなかった税金を納めることになり結果として損をしてしまいます。

青色申告のメリットを受けるためには、その年の3月15日までに納税地の所轄税務署長に所得税の青色申告承認申請書を提出します。その年の1月16日以後に新規にオープンした場合は、業務を開始した日から2か月以内に提出する必要があります。

④ 青色事業専従者給与に関する届出書

先ほどの青色申告のメリットにもありましたが、通常、家族に支払う給与は経費にならないのですが、次の要件を満たす場合のみ、必要経費とすることが出来ます。

① 「青色事業専従者給与に関する届出書」を提出していること
② 青色事業専従者に支払われた給与であること
③ 届出書に記載した金額の範囲内であること
④ 働いた業務の内容、期間からみて金額が相当であること

原則として、1年の半分以上、お店の事業に専念する必要がありますから、他でフルタイムで働いている場合な

どは認められません。金額の上限はありませんが、支払う給与の額が他のスタッフと比べて著しく高い場合には、その高い部分は経費として認められません。もし、身内ではない第三者のスタッフに支払うとしたら、いくらぐらいが適当かを考えて給与の金額を決める必要があります。

この青色事業専従者給与の支払いを受けた場合は、控除対象配偶者や扶養家族として認められなくなりますので、配偶者控除、配偶者特別控除、扶養控除などの適用が受けられなくなります。

提出期限は、青色事業専従者給与を算入しようとする年の3月15日まで、その年の1月16日以後に新しくオープンする場合や事業専従者がいることになった場合は、その日から2か月以内に提出する必要があります。

⑤ 源泉所得税の納期の特例の承認に関する申請書

美容室を開業して従業員や身内などの事業専従者に給与を支払う場合には、「個人事業の開業・廃業等の届出書」の中に、給与等の支払の状況を記載する必要があります。オープンの時は給与の支払い予定が無かった方で、しばらくしてから給与の支払いを開始する場合は、「給与支払事務所等の開設届出書」を提出する必要があります。この届出が必要な理由は、給与の支払いをする場合は、所得税を源泉徴収する義務が発生するためです。

給与支払事務所になった場合には、美容室の事業主は「源泉徴収義務者」となり、従業員に支払う給与から所得税を源泉徴収（天引き）して、原則として翌月10日までに納付する必要があります。納付が1日でも遅れてしまうと、不納付加算税や延滞税といったペナルティが課せられてしまいます。

原則は毎月の納付ですが、従業員が常時10名未満の場合だけ、この「源泉所得税の納期の特例の承認に関する申請書」を提出すると、毎月ではなく、1月と7月の年2回にまとめて納付することが認められています。1日の遅れでもペナルティが課せられる源泉所得税ですので、納付の手間や遅延のリスクを考えると、この届出は提出しておいた方がよいです。

提出期限は、特にありませんが、この届出を提出した翌月に支払う給与等から適用されます。

⑥ 所得税の棚卸資産の評価方法の届出書

お店をオープンすると、美容室で使うカラー材、シャンプー等の材料、販売用に仕入れた商品について、定期的に在庫管理を行う必要があります。例えば、オープン初年度の1年間に100万円分を美容ディーラーから商品を購入した場合、その年の経費になるのは100万円ではありません。12月31日の時点で残っている在庫金額を計算して、この在庫金額を引いた金額が、その年の経費になる金額です。在庫金額が30万円であれば、その年の経費は70万円となります。この在庫金額の計算方法が、棚卸資産の評価方法です。

この届出を提出しない場合は、最終仕入原価法が適用されます。最終仕入原価法というのは、12月31日から最も近い時期に購入した単価を計算の根拠とする計算方法です。例えば、10月に1個120円で商品を購入していても、同じ商品を12月20日に1個100円で購入していたら、棚卸資産の計算の際は、1個100円で計算をすることになります。

美容室の場合は、特にこの計算方法で問題はありませんので、この届出書を提出しない方も多いです。

提出期限は、棚卸資産を取得するようになった年分の確定申告期限（翌年の3月15日）までとなります。

⑦ 所得税の減価償却資産の償却方法の届出書

店舗の内装工事や美容機材などを減価償却資産と言います。使用できる期間が1年以内の物や取得価格が10万円未満の物は、支払った年に経費にできますが、内装工事などの費用は支払った金額が、その年の経費になる訳ではありません。法定耐用年数といって法律で決められた年数に分けて減価償却費として経費になります。

この届出を提出しない場合は、減価償却資産を経費にする計算方法である償却方法は定額法となります。定額法で計算すると、基本的に毎年同じ金額で経費計上されます。一方、代表的な計算方法である定率法を選択して提出すると、経費として計上できる金額は初めの年ほど多く、徐々に経費になる金額が少なくなります。

取得価格100万円で、耐用年数が10年の減価償却資産の場合は、1年目の償却費は、定額法で10万円、定率法で20万円となり、定率法の方が金額は大きくなります。最後の10年目の年では、定額法は99,999円で、定率法は65,535円と定額法の方が大きくなります。

資産を取得した年度になるべく多くの金額を経費として処理したい場合は、定率法を選択して届出を提出します。定率法を採用する届け出をした場合でも、平成10年4月1日以降に取得した建物、平成28年4月1日以降に取得した建物付属設備及び構築物は定額法で計算することになっています。

提出期限は、減価償却資産を取得して事業者となった年分の確定申告期限（翌年の3月15日）までとなります。

⑧　消費税課税事業者選択届出書

美容室を開業して、その年の12月31日までの売上（課税売上高）が1,000万円を超えた場合、その翌々年から消費税の課税事業者となります。課税売上高というのは、消費税がかかる取引のことで、簡単に言えばお店の売上です。要するに、前々年の期間の売上が1,000万円を超えていれば、その事業年度は消費税課税事業者となります。この前々年の期間のことを基準期間と言います。ただし、基準期間の課税売上高が1,000万円以下のお店であっても、特定期間の課税売上高が1,000万円を超えている場合は、その年の消費税の納税義務は免除されません。少しややこしいですが、個人事業主の場合の特定期間とは、その年の1月1日から6月30日までになります。

例えば、オープンした初年度の課税売上高が800万円だった場合、2年後は消費税の課税事業者とはならないはずですが、2年目の1月1日から6月30日の間の課税売上高が1,000万円を超えて、かつ、その期間中に支払った給与の金額が1,000万円を超える場合は、オープン初年度からの2年後の年度は免税事業者ではなく、消費税の課税事業者となります。

消費税の納税義務者となるかどうかは、基準期間、特定期間の課税売上高等によって決まりますが、それだけではなく、この「消費税課税事業者選択届出書」を提出することで、自分から進んで消費税の課税事業者であることを選択することが出来ます。

なぜ、あえて消費税課税事業者を選択するのかと言えば、本来は免税事業者であるところをあえて初年度から課税事業者として選択することで、オープン初年度、お客様から預かる消費税よりも、美容室の内装工事、機材購入などで業者に支払う消費税の金額が大きければ、消費税の還付を受けることが出来る場合があるからです。ただし、一度、課税事業者を選択すると最低でも2年間は免税事業者になることは出来ないので、どちらが有利になるかを慎重に検討することが必要です。

ちなみに、私のお店は消費税納税義務者ではないので、お客様から消費税を頂いていないという話をお聞きしますが、消費税の免税事業者だからといって、お客様から消費税分のお金を受け取ってはいけない訳ではありません。お客様から見たら、どのお店が消費税課税事業者か免税事業者か分かりません。消費税の考え方自体が、サービスや資産の譲渡などに対してかかる税金となりますので、免税事業者であることは関係ありません。免税事業者であっても、商品を仕入する時には消費税を支払っています。

消費税の届出に関しては、納税義務者に該当するかどうかで、納税額が大きく変わりますから、消費税の課税事業者になるかどうかの判断は特に慎重に行う必要があります。

○法人の場合に提出する届出の一覧

【必ず提出が必要な届け出】

①　法人設立届出書　（税務署　都道府県　市町村）

法人を設立して美容室を経営する場合には、個人事業主の場合と同様に税務署等への届出が必要になります。

法人の場合は、法人設立届出書を税務署、都道府県、市町村の3か所に提出する必要があります。個人事業主の場合とは異なり、届出書の提出の際には添付資料が必要になります。

- 法人の定款等の写し
- 登記事項証明書（履歴事項全部証明書）又は登記簿謄本
- 株主等名簿
- 設立時の貸借対照表

その他の届出に関しては、基本的には個人事業主の場合と大きな違いはありません。

②　青色申告の承認申請書
③　棚卸資産の評価方法の届出書
④　減価償却資産の償却方法の届出書
⑤　給与支払事務所等の開設・移転・廃止届出書
⑥　源泉所得税の納期の特例の承認に関する申請書
⑦　消費税課税事業者選択届出書

他にも各種届出書がありますが、まずはお店をオープンさせることを目的とした届出としてはこれで十分です。その他は必要に応じて届出書の提出を行います。

個人事業主と法人を比べると、美容室の経理の仕方は変わりませんが、税務署等に提出する申告書の種類は全く変わってきます。また、一般的には税務調査の頻度も法人の方が多くなります。求められるレベルは個人事業主よりも高くなりますので、美容室を個人で経営するか、法人で経営するかを含め、慎重に判断をする必要があります。

3 開業したら確定申告が必要です

美容室に勤めていた時は、勤務していたお店があなたの税金の計算をしてくれていましたが、美容室を開業した後は自分の税金は自分で計算して確定申告をする必要があります。

美容室の経営者の中にはお金の管理が苦手という方が案外多いのですが、自分のお店を経営する以上は税金の手続きは避けては通れません。

確定申告の時期が近くなってくると、1年分の領収書などの経理資料を引っ張り出して、悪戦苦闘しながら確定申告の手続きをするという話もお聞きします。

でも、実は、1年分まとめて確定申告する人というのは、ほぼ間違いなく節税対策が出来ていません。税理士の私から見ると、損をしているとしか思えません。節税対策というのは、確定申告の手続きの時にするのではなく、事業年度（個人事業であれば、1月1日から12月31日まで）の間に対策をする必要があります。

そして、節税対策だけでなく、毎月のお店の利益、お金の流れを把握している経営者と、1年分をまとめて集計する方とでは、明らかにお店の利益も、成長のスピードも違います。

やらなければいけない確定申告ではありますが、どうせやるなら、美容室経営を成長させるために、毎月の経営状況をきっちり把握して、必要な節税対策もしっかりと押さえながら確定申告の手続きをしたいですね。

① 確定申告の流れ

個人事業主の場合の確定申告とは、1月1日から12月31日までの1年間の収支を確定し、翌年の2月16日から3月15日までの間に申告して納税することを言います。法人の場合は、事業年度の期間の決算を確定し、事業年度終了の日から2か月以内に申告・納税する必要があります。ここでは個人事業主の場合を中心に説明します。

(1) 1月1日から12月31日までの売上、各経費を集計して決算書を作成します

年の途中でオープンした時は、1月1日からオープン日までの所得（勤務していたお店から受け取った給与など）と、オープン日から12月31日までの決算書を作成します。決算書は簡単に言えば、売上がどれだけあって、経費をどれだけ使っていて、利益がどれだけ残ったのかが分かる資料です。白色申告の場合は「収支内訳書」、青色申告の場合は「青色申告決算書」を作成します。青色申告と白色申告のメリットの違いは、第4章【2】でご確認下さい。確定申告の手続きの中で、最も重要なのは、この決算書の作成です。お店を経営する以上は、税務調査を受ける可能性があるわけですが、税務調査では確定申告書の内容と決算書の内容を調査します。税法で決められた正しい処理がされているか、売上の計上漏れやお店の経費になるものかどうかなどが調査対象となります。税務調査に備えて決算書を作るわけではありませんが、税理士として関与させていただく場合は、経営の数値を見ることと同じくらい重要視しています。

(2) 確定申告書の作成

決算書が完成したら、次は確定申告書を作成します。確定申告書は、決算書で計算された利益から税金を計算す

るための書類です。確定申告書には、「確定申告書A」と「確定申告書B」の2種類があり、美容室を開業した人は、「事業所得」というものに該当しますので、「確定申告書B」を使用します。

決算書で計算された利益をスタートとして、社会保険料控除、生命保険料控除や配偶者控除、医療費控除、ふるさと納税などの寄付金控除などの所得控除を差し引いて税金を計算します。この所得控除というのは、その人それぞれによって変わってきます。

所得控除の種類には、①雑損控除、②医療費控除、③社会保険料控除、④小規模企業共済等掛金控除、⑤生命保険料控除、⑥地震保険料控除、⑦寄付金控除、⑧障害者控除、⑨寡婦（寡夫）控除、⑩勤労学生控除、⑪配偶者控除、⑫配偶者特別控除、⑬扶養控除、⑭基礎控除があります。

所得税の計算をする上で、その人の個人的事情を加味するために14種類の所得控除が設けられています。ちなみに、基礎控除の額は38万円で、だれでも受けられます。

この所得控除の中で、美容室経営をする上で節税対策として使いやすいものは、④小規模企業共済等掛金控除、⑤生命保険料控除、⑦寄付金控除の3つです。その他の所得控除は、節税のために意図的に受けられるものではなく、もともと要件に該当しているかどうかで判断します。例えば、お子さんを扶養していて、お子さんの年齢が16歳以上であれば自動的に扶養控除が使えることになります。先ほどの3つは、節税対策を意識して、掛金の支払いなどの手続きをすれば該当することになります。

④小規模企業共済等掛金控除の中で、最もポピュラーなのは「小規模企業共済制度」の掛金です。美容室を開業すると、個人事業主となるわけですが、将来のための退職金は自分で準備する必要があります。この制度は、将来のための積立をしながら、支払った掛金の全額（月額最大7万円まで）が、この所得控除として税金の計算上、控除することができます。毎月7万円を将来のためにお金を貯金するのと、小規模企業共済制度に毎月7万円支払うのとでは、将来受け取るお金の合計額は、経済の状況により必ずしも同じではありませんが、仮に将来の受け取る

整理番号

FA0076

平成　年分の所得税及び復興特別所得税の確定申告書B

第二表（平成二十八年分以降用）

住所
屋号
氏名《フリガナ》

○ 所得の内訳（所得税及び復興特別所得税の源泉徴収税額）

所得の種類	種目・所得の生ずる場所又は給与などの支払者の氏名・名称	収入金額	所得税及び復興特別所得税の源泉徴収税額
		円	円

㊹ 所得税及び復興特別所得税の源泉徴収税額の合計額　円

○ 雑所得（公的年金等以外）、総合課税の配当所得・譲渡所得、一時所得に関する事項

所得の種類	種目・所得の生ずる場所	収入金額	必要経費等	差引金額
		円	円	円

○ 特例適用条文等

○ 所得から差し引かれる金額に関する事項

⑩ 雑損控除	損害の原因	損害年月日	損害を受けた資産の種類など
		・　・	
損害金額　円	保険金などで補塡される金額　円	差引損失額のうち災害関連支出の金額　円	

⑪ 医療費控除	支払医療費　円	保険金などで補塡される金額　円

⑫ 社会保険料控除 社会保険の種類	支払保険料	⑬ 小規模企業共済等掛金控除 掛金の種類	支払掛金
	円		円
合計		合計	

⑭ 生命保険料控除			
新生命保険料の計	円	旧生命保険料の計	円
新個人年金保険料の計		旧個人年金保険料の計	
介護医療保険料の計			

⑮ 地震保険料控除			
地震保険料の計	円	旧長期損害保険料の計	円

⑯ 寄附金控除	寄附先の所在地・名称	寄附金	円

⑱〜⑲ 本人に該当する事項
□ 寡婦（寡夫）控除（□ 死別　□ 生死不明　□ 離婚　□ 未帰還）
□ 勤労学生控除（学校名　）

⑳ 障害者控除　氏名

㉑〜㉒ 配偶者（特別）控除 配偶者の氏名	生年月日	
	明・大 昭・平　・　・	□ 配偶者控除 □ 配偶者特別控除
個人番号		国外居住

㉓ 扶養控除 控除対象扶養親族の氏名	続柄	生年月日	控除額
		明・大 昭・平　・　・	万円
個人番号			国外居住
		明・大 昭・平　・　・	万円
個人番号			国外居住
		明・大 昭・平　・　・	万円
個人番号			国外居住

㉓ 扶養控除額の合計　万円

○ 事業専従者に関する事項

事業専従者の氏名	個人番号	続柄	生年月日	従事月数・程度・仕事の内容	専従者給与（控除）額
			明・大 昭・平　・　・		円
			明・大 昭・平　・　・		

㊿ 専従者給与（控除）額の合計額

○ 住民税・事業税に関する事項

住民税

16歳未満の扶養親族 扶養親族の氏名	個人番号	続柄	生年月日	別居の場合の住所	寄附金税額控除
			平　・　・		都道府県、市区町村分
			平　・　・		住所地の共同募金会、日赤支部分
			平　・　・		条例指定分 都道府県 / 市区町村

配当に関する住民税の特例		非居住者の特例		給与・公的年金等に係る所得以外（平成29年4月1日において65歳未満の方は給与所得以外）の所得に係る住民税の徴収方法の選択	給与から差引き
配当割額控除額		株式等譲渡所得割額控除額			自分で納付

事業税

非課税所得など	番号	所得金額	損益通算の特例適用前の不動産所得	前年中の開（廃）業	開始・廃止	月日
不動産所得から差し引いた青色申告特別控除額			事業用資産の譲渡損失など	他都道府県の事務所等		

別居の控除対象配偶者・控除対象扶養親族・事業専従者の氏名・住所	氏名	住所	所得税で控除対象配偶者などとした専従者	氏名	給与	一連番号

（第二表は、第一表と一緒に提出してください。）（源泉徴収票、国民年金保険料や生命保険料の支払証明書など申告書に添付しなければならない書類は添付書類台紙などに貼ってください。）

【図表4-3-1】確定申告書B

FA0122

税務署長
年　月　日

平成□□年分の所得税及び復興特別所得税の　申告書B

第一表（平成二十八年分以降用）

住所（又は事業所 事務所 居所など）	〒	個人番号	
		フリガナ	
		氏名	
		性別 男 女	職業／屋号・雅号／世帯主の氏名／世帯主との続柄
平成 年 1月1日 の 住所		生年月日	電話番号 自宅・勤務先・携帯

（単位は円）　種類　特農の表示　整理番号　翌年以降送付不要

区分	項目		番号	金額
収入金額等	事業	営業等	㋐	
		農業	㋑	
	不動産		㋒	
	利子		㋓	
	配当		㋔	
	給与		㋕	
	雑	公的年金等	㋖	
		その他	㋗	
	総合譲渡	短期	㋘	
		長期	㋙	
	一時		㋚	
所得金額	事業	営業等	①	
		農業	②	
	不動産		③	
	利子		④	
	配当		⑤	
	給与 区分		⑥	
	雑		⑦	
	総合譲渡・一時 ㋘+{(㋙+㋚)×½}		⑧	
	合計		⑨	
所得から差し引かれる金額	雑損控除		⑩	
	医療費控除		⑪	
	社会保険料控除		⑫	
	小規模企業共済等掛金控除		⑬	
	生命保険料控除		⑭	
	地震保険料控除		⑮	
	寄附金控除		⑯	
	寡婦、寡夫控除		⑱	0000
	勤労学生、障害者控除		⑲～⑳	0000
	配偶者（特別）控除 区分		㉑～㉒	0000
	扶養控除		㉓	0000
	基礎控除		㉔	0000
	合計		㉕	

区分	項目	番号	金額
税金の計算	課税される所得金額（⑨－㉕）又は第三表	㉖	000
	上の㉖に対する税額 又は第三表の㊱	㉗	
	配当控除	㉘	
	区分	㉙	
	（特定増改築等）住宅借入金等特別控除 区分	㉚	
	政党等寄附金等特別控除	㉛～㉝	
	住宅耐震改修特別控除 住宅特定改修・認定住宅新築等特別税額控除 区分	㉞～㊲	
	差引所得税額	㊳	
	災害減免額	㊴	
	再差引所得税額（基準所得税額）（㊳－㊴）	㊵	
	復興特別所得税額（㊵×2.1%）	㊶	
	所得税及び復興特別所得税の額（㊵＋㊶）	㊷	
	外国税額控除 区分	㊸	
	所得税及び復興特別所得税の源泉徴収税額	㊹	
	所得税及び復興特別所得税の申告納税額（㊷－㊸－㊹）	㊺	
	所得税及び復興特別所得税の予定納税額（第1期分・第2期分）	㊻	
	所得税及び復興特別所得税の第3期分の税額（㊺－㊻） 納める税金	㊼	00
	還付される税金	㊽	△
その他	配偶者の合計所得金額	㊾	
	専従者給与（控除）額の合計額	㊿	
	青色申告特別控除額	51	
	雑所得・一時所得等の所得税及び復興特別所得税の源泉徴収税額の合計額	52	
	未納付の所得税及び復興特別所得税の源泉徴収税額	53	
	本年分で差し引く繰越損失額	54	
	平均課税対象金額	55	
	変動・臨時所得金額 区分	56	
延届納の出	申告期限までに納付する金額	57	00
	延納届出額	58	000

← 復興特別所得税額の記入をお忘れなく。

還付される税金の受取場所：銀行・金庫・組合・農協・漁協／本店・支店・出張所・本所・支所／郵便局名等／預金種類 普通・当座・納税準備・貯蓄／口座番号・記号番号

整理欄：区分 A B C D E F G H I J K／異動／管理／名簿／補完／確認

（税理士署名押印 電話番号）㊞

税理士法第30条の書面提出有　税理士法第33条の2の書面提出有

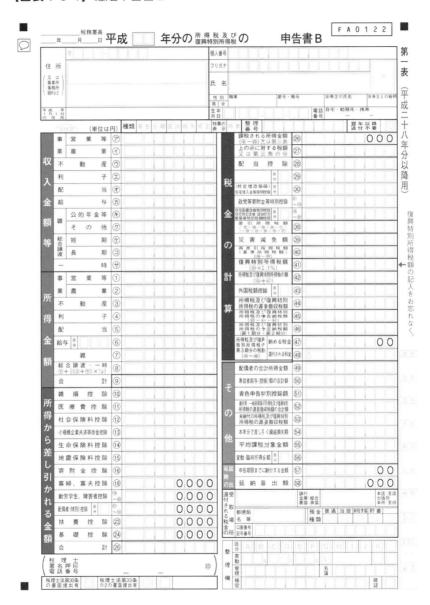

金額が同じだったとしても、支払った掛金分だけ税金が少なくなることを考えると節税効果はとても大きいです。また、掛金として払ってきた金額の範囲内で担保や保証人なしでお金を借りることもできますので、事業用資金としても活用することが出来ます。もう1つ、この④小規模企業共済等掛金控除に該当するのが、「iDeCo」（イデコ）という名称になった確定拠出年金制度です。個人事業主が加入するのは、個人型確定拠出年金制度になります。小規模企業共済制度と大きく違うのは、先ほどご説明したような借入が出来ないという点です。他にも違いはありますが、掛金が所得控除になり、節税対策として使えるという点ではメリットは同じです。

⑤生命保険料控除には、生命保険料、介護医療保険料、個人年金保険料などの支払いをしていると、最大12万円の所得控除が使えます。生命保険は、自分のライフプランに合わせて加入することが大切ですが、所得控除を最大限活用できるような保険の加入の仕方をするのも節税対策になります。保険の種類によって、生命保険料控除の対象となる項目が変わりますので、保険の加入する際に、保険会社の方に相談しながら加入することをお勧めします。

⑦寄付金控除とは、国や地方公共団体などに特定寄付金と呼ばれる寄付をすると、寄付金控除を受けることが出来ます。寄付金として認められるものは限定されていますが、身近な寄付金としては「ふるさと納税」があります。ふるさと納税のメリットは、税金が控除されたり、寄付金の使い道を指定したり、寄付をした地域からお礼の品を受け取ることができる制度です。その人の所得の金額によって、どれだけ寄付するのが効果が高いのかが変わってきますので、その年のお店の利益状況に合わせて寄付金額を検討すると良いでしょう。

(3) 確定申告書の提出

確定申告書が完成したら税務署に提出を行います。平成29年の場合は、平成29年2月16日から3月15日までの間に行います。申告期限の3月15日が土日、祝日の場合はその翌日が申告・納税期限となります。

開業したばかりの方は関係ありませんが、消費税の課税事業者となっている方は、所得税の確定申告書だけでなく、消費税の申告書の作成も必要になります。消費税の申告・納税期限は、3月31日までとなります。

確定申告書類の提出方法は、大きく分けて3つの方法があります。

1つ目は、納税地（住んでいる場所かお店の場所を選ぶことが出来ます）を管轄する税務署の窓口への提出。開業したばかりの方は、確定申告期限の前に税務署から確定申告に必要な資料が送られてきますが、開業の届出の時期によっては送付されてこない場合もありますので、税務署に取りに行くか、国税庁のホームページからダウンロードして提出します。

2つ目は、所轄の税務署に郵送で提出。作成した書類を郵送で送ることが出来ます。申告期限が3月15日の場合、3月15日の通信日付印が付いていれば期限内に提出したことになります。確定申告書は「信書」に当たりますので、税務署に送付する場合には、「郵便物」又は「信書郵便」として送付する必要があります。ゆうパック、ゆうメール、メール便などでは「信書」は送れませんので注意が必要です。

3つ目は、e-Tax（イータックス）で提出。e-Tax（イータックス）は、申告などの手続きをインターネットから行えるシステムです。自宅のインターネットから確定申告をすることが出来ます。スマートフォンからでも申告・納税手続きをすることができます。ただし、イータックスを利用する前に電子証明書を取得して、税務署に「電子申告・納税等開始届出書」を提出し、「利用者識別番号」を取得する必要があります。

(4) 税金の納税

確定申告書を提出したら、確定申告書で計算された所得税の金額を、自分で納付期限までに納付する必要があります。税金の納付方法には、次の4つがあります。

①　納付書を作成して現金で納付する方法
②　自分の銀行口座から振替納税する方法
③　ダイレクト納付又はインターネットバンキングを利用して電子納税する方法
④　インターネットを利用したクレジットカード納付で納付する方法

納付期限は、確定申告の期限と同じで、平成29年の場合は、平成29年3月15日が納付期限となります。消費税については、3月31日が申告と納付の期限になります。②の銀行口座からの振替納税を選択すると、納付期限を少し伸ばすことができます。お店の利益が順調に出始めると、所得税、消費税の納付金額も大きくなりますので、資金繰りを楽にするために振替納税を選択する人が多いです。

②　税金のスケジュール

美容室を開業して事業を始めると、いろいろな種類の税金を納める必要があります。関係する税金の種類としては、所得税、住民税、事業税、消費税、源泉所得税、固定資産税（償却資産）があります。事業で得た所得から国に納めるのが所得税で、都道府県に納めるのが事業税になります。源泉所得税というのは、スタッフに支払う給与から天引きした所得税のことです。原則として、スタッフに給与を支払った月の翌月10日までに納める必要がありますが、一定の要件を満たす場合は、毎月ではなく、年に2回に分けて支払うこともできます。この「納期の特例」を使うと、1月から6月分を7月10日までに、7月から12月分を翌年の1月20日までに納めることになります。固定資産税（償却資産）とは、事業に使用する資産に対してかかる税金です。美容室の場合は、内装工事やシャンプー台などの減価償却費を計上するような資産が対象になります。

【個人事業の場合の年間スケジュール】

1月　●1月20日　7月から12月分源泉所得税納付期限（納期の特例）
2月　●2月28日　固定資産税（償却資産）　第4期分納付
3月　●3月15日　所得税確定申告・納付
　　　●3月31日　消費税申告・納付
4月　●4月中旬から下旬　所得税、消費税の振替納税（振替納税の届出をしている場合）
5月　●5月31日　所得税の延納税額の最終納付（延納の届出をしている場合）
6月　●6月30日　住民税第1期分納付
　　　●6月30日　固定資産税（償却資産）　第1期分納付
7月　●7月10日　1月から6月分源泉所得税納付期限（納期の特例）
　　　●7月31日　所得税予定納税　第1期分
8月　●8月31日　個人事業税第1期分納付
　　　●8月31日　住民税第2期分納付
　　　●8月31日　消費税中間納付期限（年2回の場合）
9月　●9月30日　固定資産税（償却資産）　第2期分納付
10月　●10月31日　住民税第3期分納付
11月　●11月30日　個人事業税第2期分納付
　　　●11月30日　所得税予定納税　第2期分納付
12月　●12月27日　固定資産税（償却資産）第3期分納付（平成28年度の場合）

※住民税、固定資産税(償却資産)は各都道府県、市町村の条例により決められてますので、地方により変わります。

4 美容室の経理を簡単に

「経理」というのは、簡単に言えば、お店のお金を管理することです。お客様から頂いたお金から、スタッフの給与、材料、家賃などの支払いをした残りが利益です。その利益をスタートとして確定申告書を作成します。確定申告は、税金を計算して納めるための手続きですが、まずは「経理」が正しく処理されていないと税務署から指摘を受けて、税金のペナルティーを受けてしまう場合があります。

「経理」のもう1つの目的は、お店の経営の状態をしっかりと把握することです。

売上の金額は大体分かるけど、経費をどれくらいまで使ったのかよく分からない、レジにお金が残っているから多分大丈夫、など売上が右肩上がりだった昔とは違い、競争の厳しい今の美容業界、「どんぶり勘定」で経営が上手く行くほど甘くはありません。

「経理」がしっかり出来るようになると、いくらまでなら広告費に使っていいのか、スタッフにボーナスを払っていいのか、新しい商品を仕入していいのか、お店の経営の現在地を正確に知ることができ、どんな対応をすれば良いのかしっかりと判断することが出来るようになります。しかし、ここまで経理を使いこなすにはある程度の勉強も必要です。まずは毎月のお店の利益が把握できるところからスタートし、徐々にレベルアップして経理を使いこなせるようになると良いですね。

① 美容室の経理で必要になるもの

(1) お店の収入を把握する

美容室の売上には技術サービスによる技術売上と物品の販売による商品売上があります。これ以外にも、美容ディーラーやメーカーから大量に商品を仕入した際にバックマージンを受け取ることもありますが、これもお店の収入になります。美容師の中にはカット技術を教えたりする人もいますが、教えることで受け取る報酬も確定申告の際には申告しなければならない収入に含まれます。

美容室経営の中で、この売上の管理はとても重要です。重要ではあるものの、あまり難しく管理するのも大変ですから、毎日の技術売上、商品売上がいくらあったのか、月の合計額がいくらなのかが把握できればまずは十分です。でも、どうせ同じ「経理」をするなら、日々の売上金額、月の売上の合計金額の把握だけではなく、集客効果と業務効率の向上にも繋がれば一石二鳥です。

カルテの情報と売上管理を連動させることで、客数や客単価、メニューごとの売れ筋管理、スタッフごとの成績なども管理することができます。顧客管理、売上管理、予約システムと連動しているものもあります。様々な種類の顧客管理、売上管理システムが出ていますので、できるだけ開業の段階から顧客管理や売上管理ができるシステムにすることをお勧めします。価格も利用料が無料のものからシャンプー台と変わらないくらい高額なものまで様々です。それぞれのお店の成長スピードに合わせて、どんな機能が必要なのかをしっかりと吟味しながらシステム導入を検討してください。

(2) お店の経費を把握する

美容室の経費の支払いは、直接現金で支払うか、クレジットカードで支払うのか、銀行から振り込むかの3パターンです。

経理を正確に把握するためには、「いつ」「何に」「いくら使ったのか」が分かるように記録します。そこで、現金の動きを把握するために「現金出納帳」を作成します。クレジットカードで経費を支払った場合は、「何に」を把握するために領収書などは保管する必要はありますが、「いつ」「いくら使ったのか」はクレジットカード会社が発行する明細で確認することが出来ます。振込で支払った場合は、請求書と振込に使った金融機関の通帳の動きで確認することが出来ます。

この「現金出納帳」には、実際の現金の動きに合わせて、現金売上の入金や、銀行から引き出したお金の入金、レジから使った経費の支払い、銀行への預け入れの動きを書き込んでいきます。そして、この現金出納帳の残高として残っているお金と、お店のレジ、もしくはお店用の財布の現金の残高が一致していること

【図表4-4-1】 売上台帳のサンプル

売上月報シート

店舗名 ______ 年 12 月分売上月報

日付	総売上（税込） （1）＋（2）	技術売上（税込） （1）	物品売上（税込） （2）	客数
12/1(金)				
12/2(土)				
12/3(日)				
12/4(月)				
12/5(火)				
12/6(水)				
12/7(木)				
12/8(金)				
12/9(土)				
12/10(日)				
12/11(月)				
12/12(火)				
12/13(水)				
12/14(木)				
12/15(金)				
12/16(土)				
12/17(日)				
12/18(月)				

日付	総売上（税込） （1）＋（2）	技術売上（税込） （1）	物品売上（税込） （2）	客数
12/19(火)				
12/20(水)				
12/21(木)				
12/22(金)				
12/23(土)				
12/24(日)				
12/25(月)				
12/26(火)				
12/27(水)				
12/28(木)				
12/29(金)				
12/30(土)				
12/31(日)				

＜月間総合計＞

総売上（税込）	技術売上（税込）	物品売上（税込）	客数

在庫 ______________ 円（税込）

【図表4-4-2】現金出納帳のサンプル

現　金　出　納　帳

処理月　　月分

店舗名　　　　No.

番号	日付	取引	口座	摘　要	入金（+）	出金（−）	残高
				前月繰越			0
1							0
2							0
3							0
4							0
5							0
6							0
7							0
8							0
9							0
10							0
11							0
12							0
13							0
14							0
15							0
16							0
17							0
18							0
19							0
20							0
21							0
22							0
23							0
24							0
25							0
26							0
27							0
28							0
29							0
30							0
31							0
32							0
33							0
34							0
35							0
36							0
37							0
38							0
39							0
40							0

を確認します。

美容室の税務調査で必ず行われるのが、レジの現金を確認することです。レジの現金残高が、現金出納帳の残高と合っているかどうかで、お店の経理が適切に行われているかが判断されます。どんぶり勘定であると判断されれば、売上の計上漏れがあるのではないか、お店とは関係のないプライベートな支払が含まれているのではないか、より厳しく調査される可能性が高いです。

また、レジの現金管理をしっかりしていないと、万一、スタッフがお客様から受け取ったお金をごまかしてもチェックすることもできませんし、こうした不正を事前に防ぐためにも正しく経理を行うことが求められます。

(3) お店の経費を把握する　通帳の管理

お店の経理をする上で、プライベートなお金とお店用のお金を分けるために、お店用の銀行口座を作ることをお勧めします。お店用の通帳を作成して、お店のすべてのお金の入金や出金をまとめることで、お店用の通帳に残っているお金が事業用資金の残高の目安とすることができます。

通帳からの支払いとしては、美容ディーラーへの材料代の支払い、家賃、電話代などの毎月発生する経費の支払い、借入金の返済などがあります。

ここに、お客様から現金で頂いたお金を入金します。お客様がクレジットカードを利用した場合は、回収したお金は1か月に2回（翌日入金できるサービスもあります）程度の入金があり、お客様から頂いたお金と経費の支払いを通帳にまとめることで、お店の経営に必要なお金の流れをすべて把握することができます。

個人事業主の場合は、通帳の名義を個人名のままでも、お店の名前（屋号）をつけた通帳のどちらでも構いません。大切なのは、プライベートな支払と、お店のお金の流れを完全に分けることです。お金には色が付いていません。「どんぶり勘定」になってしまう場合のほとんどは、使ったお金がお店の経費になるかどうかの判断以前に、公私含めどれくらい使っているのかを自分でも把握できなくなっている事が原因です。

(4) お店の利益を把握する

お店の売上、現金の動き、通帳の動きを把握してもお店の利益がいくらなのかまでは分かりません。1か月の利益を把握するためには、その月の売上の合計額から、それぞれの支払い内容を勘定科目と言われる項目に分け、それぞれの合計額を引き算すると計算できます。

お店の売上合計 － 各勘定科目の経費の合計額 ＝ お店の利益

お店の売上合計は、先ほどの売上台帳で金額を確認できますが、各勘定科目の経費の合計額は、まずは使った経費を勘定科目に振り分けることからスタートします。具体的には、現金、振込、クレジットカードなどで支払った経費の内容を見て、材料の仕入れであれば、「仕入」として、家賃の支払いであれば「地代家賃」として、電気、ガス、水道代であれば「水道光熱費」、電話代、インターネット利用料であれば「通信費」など、支払の内容に合わせて、勘定科目ごとに振り分けます。この科目について、どの科目にしたら良いのか分からないという方が多いのですが、使う勘定科目が違ったとしても税金の計算に間違いが無ければペナルティーはありません。勘定科目が合っているかどうかよりも、税金の計算に間違いがないことと、毎年継続して同じ科目を使うことで、毎年の比較が出来るようにすることの方が重要です。

美容室で一般的に使われる勘定科目は図表4-4-3の通りです。

白色申告の収支報告書、青色申告決算書の損益計算書は、上記のようにお金の流れを勘定科目に振り分け、1月1日から12月31日までそれぞれの勘定科目の合計を集計することで作成することが出来ます。ここまで集計できれ

【図表4-4-3】美容室で使われる勘定科目

売上高	技術売上　商品売上
仕入高	商品の仕入
広告宣伝費	広告費の支払い
水道光熱費	電気、水道、ガス、灯油
消耗品費	１個10万円以下の備品購入
支払保険料	店舗保険、営業車の自動車保険
租税公課	収入印紙、営業車の自動車税、消費税
接待交際費	取引先との飲食、贈り物
旅費交通費	電車代、ガソリン代、パーキング代
通信費	切手代、電話代、携帯電話、有線
支払手数料	カード手数料、外部講師報酬
会議費	取引先、スタッフ打ち合わせ飲食代
地代家賃	店舗家賃、駐車場代
研修教育費	研修、セミナー、講習費
サービス費	図書、お客様へのサービス品の支払い
給料賃金	スタッフ給与
法定福利費	雇用保険、労災保険、社会保険
福利厚生費	スタッフのための少額備品の購入
雑費	上記以外の経費

ば、お店の利益を把握することができます。

青色申告のメリットである65万円控除の適用を受けるためには、正規の簿記の原則（一般的には複式簿記）を使って、先ほど説明をした損益計算書に加えて、貸借対照表を作成し、確定申告書に添付して申告期限内に提出する必要があります。

複式簿記を使って損益計算書、貸借対照表をするのは、特に初めて経理をする方にとっては大変そうというイメージを持たれるかもしれません。

でも、手書きで経理作業をするのではなく、会計ソフトを使えば、簡単に65万円控除の要件である複式簿記を使った損益計算書、貸借対照表を作成することが可能です。

②クラウド会計を使って、「経理」をもっと簡単に

会計ソフトを使えば、簡単に青色申告の65万円控除の要件を満たすことが出来ます。そうはいっても会計ソフトを操作することに苦手意識があったり、

どの勘定科目を使ったら良いのか分からないなどといった声をよく聞きます。

ここ数年、会計ソフト自体も大きく様変わりし、経理が苦手な方でも比較的簡単に経理処理が出来るように進化しています。

その代表的なものが「MFクラウド」や「freee」、「弥生会計クラウド」に代表されるクラウド会計のシステムです。

多くの美容室では売上管理、顧客管理のためにPOSレジの導入が進んでいます。まだ一部のPOSレジに限定されますが、このPOSレジの情報とクラウド会計が直接連動する仕組みが出来るようになってきています。

クラウド会計とPOSレジが直接連動していなくても、会計ソフトに必要な情報が簡単に出力できるような機能を備えているものもあります。

これにより、売上についてはPOSレジから自動的に集計され、クラウド会計側で自動的に複式簿記を使って経理処理をしてくれます。

また、お店用の通帳や経費支払用のクレジットカードも取引明細情報をクラウド会計側で設定することで自動取得することができるので、通帳から支払った経費やクレジットカードで支払った経費の支払いも売上と同様に複式簿記で自動的に経理処理をしてくれます。

現金で支払った経費についても、はじめのうちに何件が入力する

【図表4-4-4】美容室の経理をクラウド会計上で簡単に処理する一例

取引の種類	クラウド会計上の処理
売上情報	POSシステムからの自動連動 又は POSシステム、又は、エクセルなどで作成した売上月報からの仕訳データの取り込み
通帳の入出金情報	取引明細の自動取得
クレジットカード情報	取引明細の自動取得
現金の出金情報	領収書などの写真データからの読み取り 又は エクセルなどで作成した出納帳からの仕訳データ取込 又は クラウド会計ソフトに直接入力
給与の情報	同じクラウドソフトの中で給与計算すると自動連動

と、学習機能により使用する勘定科目を自動提案してくれます。どの勘定科目に振り分けたら良いのか分からないという問題に対しても、いくつかのパターンを覚えてしまえば、それほどハードルは高くはありません。

その他にも、MFクラウド給与や、クラウド給与計算ソフトfreeeなど、クラウド会計と連動しているため、スタッフへの給与計算の情報も自動的に経理処理することが可能です。

会計ソフトと自動連動できない現金の支払いに関しては、会計ソフトに入力するのが苦手な方は、スマホアプリで経費のレシート、領収書などを写真で取ると自動的に経理処理が可能です。使った経費のレシートをその都度写真で取っておくので、領収書の整理に時間を使うこともありません。

クラウド会計を導入すれば、従来の経理作業と比べると各段に作業時間を減らすことができます。お金の管理、数字が苦手という方は、作業負担を大幅に削減でき、経理処理のアシストが充実しているクラウド会計の導入が特にお勧めです。

【代表的なクラウド会計ソフトの一例】

○MFクラウド会計・確定申告
https://biz.moneyforward.com/

【図表4-4-5】 美容室のクラウド会計のイメージ

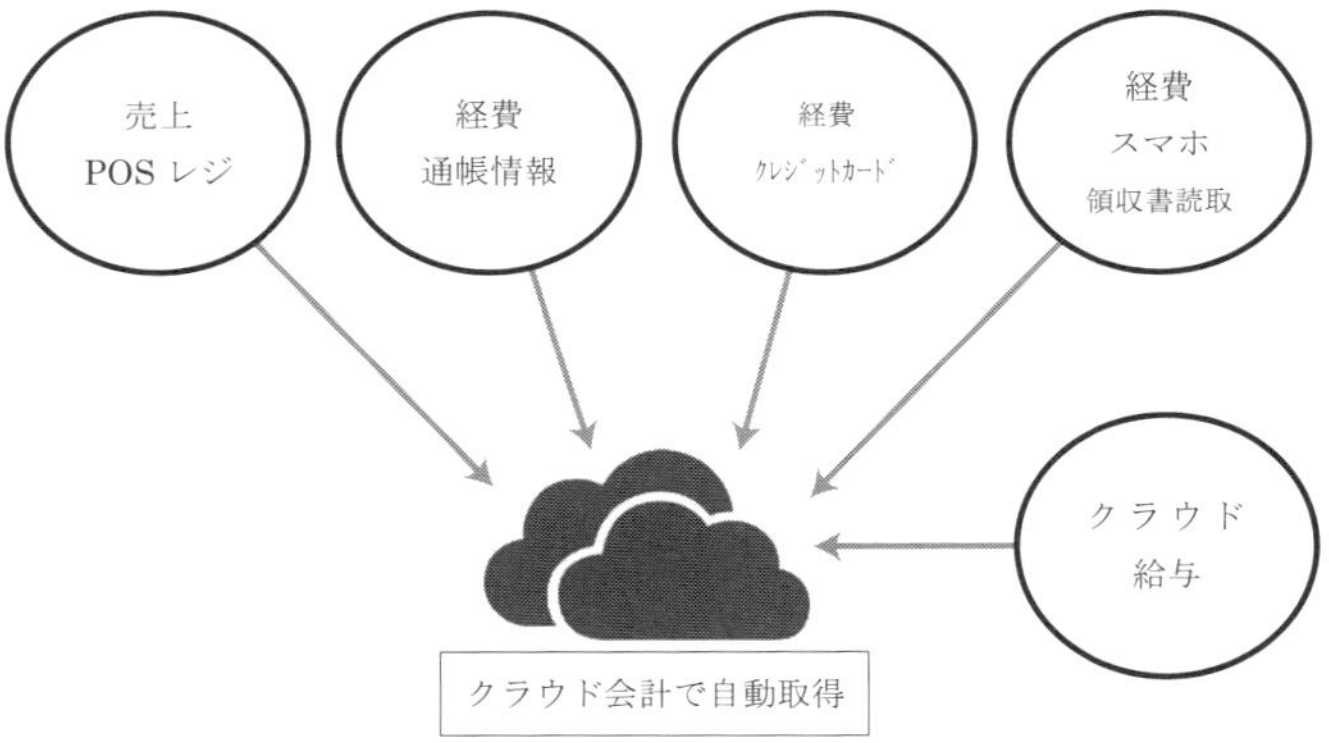

株式会社マネー・フォワード
なかしま税務労務事務所は、ＭＦクラウド会計の公認メンバーです。
（平成29年3月31日時点）

○クラウド会計ソフト freee
https://www.freee.co.jp/
freee 株式会社
なかしま税務労務事務所は、freeeの認定アドバイザーです。
（平成29年3月31日時点）

○弥生会計　オンライン
https://www.yayoi-kk.co.jp/
弥生株式会社

5 スタッフを採用したら労働保険と雇用保険の加入が必要です

開業してスタッフを一人でも雇ったら、労災保険への加入が必要です。労災保険とは、正式には労働者災害補償保険といい、仕事中または通勤中にケガや病気になった場合に、スタッフの方が使える保険です。これは任意ではなく、強制加入です。未加入の場合は、ペナルティもあります。

更に、一週間に20時間以上働くスタッフを雇った場合は、雇用保険も加入する必要があります。これはスタッフの方が辞めた場合に、失業手当を貰ったり、教育訓練のための給付金を受けたりできる制度です。こちらも強制加入ですので、未加入の場合はペナルティがあります。

では、順に手続きの方法を説明します。

① 労災保険

店舗の住所地の管轄の「労働基準監督署」（以下「労基署」）へ、「保険関係成立届」を提出します。用紙は、労基署にあります。提出期日は、スタッフを採用した日から10日以内です。それと合わせて、労災保険と雇用保険の保険料の申告のための「労働保険概算保険料申告書」を提出します。こちらも用紙は、労基署にあります。提出期日は、スタッフを採用した日から50日以内となっていますが、通常は「保険関係成立届」と同時に提出をします。

最近は減りましたが、以前は労災未加入の美容室も多かったようです。しかし、費用負担と未加入の時のリスクを考えると、リスクの方がとても大きいです。例えば仕事中にスタッフがケガをしてしまい、通院と休業が必要となったとします。労災に加入していた場合は、労災保険から医療費の全額と休業補償がスタッフへ支給されます。この時、オーナーの負担金はありません。しかし労災に1年以上未加入だった場合は、労災がスタッフに支払った休業補償の40％の費用を徴収されます。また未加入だった分の保険料も遡って徴収され、加えてその保険料の10％が追徴金とし徴収される場合もあります。さらに、労基署から加入勧奨の指導を受けていたにもかかわらず未加入だった場合は、40％が100％になります。このように、未加入のリスクはとても大きいことがわかります。労災保険はオーナーを守る保険ですので、期限を守り加入しましょう。

労基署で手続きする際に必要な持ち物は、印鑑、オーナーの身分証明書（運転免許証など）、店舗の賃貸借契約書の3点です。

労災保険は、そこの店舗でアルバイト、パート、社員などの名称に関係なく1日でも働く人すべてが対象となります。スタッフを一人づつ加入させるというより、店舗全体で加入するという形です。スタッフが途中で増えても手続きする必要はありません。ちなみにオーナーやオーナーと同居の親族（例えば奥様など）は対象とはなりません。

保険料の計算は、年度単位（4月から翌年3月）で行います。初めて労災保険に加入する場合は、加入する年度の保険料を概算で先払いをします。総支給額（交通費を含む）に、労災保険料率（業種によって保険料率が変わります。危険な業務程高い保険料率となっています）を掛けて計算します。

具体的な計算方法を説明します。

【例】5月に開業し、7月からスタッフ1人を雇用した場合
スタッフの給与・・・4万円。交通費1万円。
労災保険料率（平成29年度　美容室の保険料率は0．3％。全額事業主負担）
計算期間は、7月～翌年3月になりますので、次のように計算します。
5万円（交通費含む）×9カ月＝45万円
45万円×0．3％＝1，350円　**平成29年度の概算労災保険料　1，350円**

② 雇用保険

一週間に20時間以上働くスタッフを雇用した場合は、雇用保険への加入が必要です。「雇用保険適用事業所設置届」（以下「設置届」）と「雇用保険資格取得届」を店舗の住所地の管轄のハローワークへ提出します。「設置届」は、対象のスタッフを雇用した翌日から10日以内に提出します。「雇用保険資格取得届」はスタッフを雇用した月の翌月10日が期限です。

雇用保険に加入義務のあるスタッフを初めて雇用する場合は、通常「設置届」と「雇用保険資格取得届」を同時に提出します。

雇用保険は一週間に20時間以上働く人が対象ですが、例外もあります。一週間に20時間以上働いていても昼間学生（夜間の学生は対象）、オーナーはもちろん、オーナーと同居の家族（例えば奥様）は対象外です。対象者かどうか迷う時は、ハローワークで確認しましょう。

ハローワークで手続きする際に必要なものは、印鑑（これはハローワークで手続きする時に、今後も使用する印鑑）、オーナーの身分証明書（運転免許証など）、店舗の賃貸借契約書、労基署で手続きした「保険関係成立届」の4

点です（必ず労基署へ行ってから、ハローワークへ行ってください。そうでないと、二度手間になってしまいます）。書類はハローワークにもありますが、「ハローワークインターネットサービス」のウェブサイトで作成もできます。

また加入させるスタッフのデータを事前に確認しておく必要があります。必要なデータは、①氏名（漢字、フリガナ）、②生年月日、③性別、④雇用保険番号です。④の雇用保険番号は、そのスタッフの方が以前に雇用保険に加入している店舗で働いていた場合は、番号が採番されているので、その番号を教えてもらいます。前の店舗を退職した時に受け取った「離職票」や「雇用保険被保険者証」などに記載されています。雇用保険番号がわからない場合は、以前の勤務先の名前、住所、勤めていた期間をハローワークに伝えると、調べてくれます。そのほか、資格取得日（働き始めた日）、新卒採用かどうか、1カ月の給与（交通費を含む）、職種、雇用契約の期間などを記入します。雇用契約の定めありかなしか、雇用契約の期間などは、助成金申請の時に重要なポイントです。

雇用保険の保険料は、先に説明した「労災保険料」と一緒に申告・納付します。労災保険と雇用保険はセットで取り扱われることが多く、2つを合わせて「労働保険」と呼びます。

では、雇用保険料の計算方法を説明します。

【例】5月に開業し、7月からスタッフ1人を雇用した場合

スタッフの給与……基本給20万円。交通費1万円。

雇用保険料率（平成29年度　美容室の雇用保険料は0.9%。労働者負担0.3%、事業主負担0.6%）

計算期間は、7月～翌年3月になりますので、次のように計算します。

21万円（交通費含む）×9カ月＝189万円

189万円×0.9%＝17,010円　**平成29年度の概算雇用保険料　17,010円**

※このうち、5,670円はスタッフ負担分です。

【図表4-5-1】平成29年度の雇用保険料率

	スタッフ負担	事業主負担		
			失業等給付	雇用保険二事業
一般の事業（美容室）	0.30%	0.60%	0.30%	0.30%

※年度によって変更あり。

これを労災保険と一緒に、労基署にて「労働保険料申告書」で記入・計算をして申告します。

雇用保険の事業主負担の内、「雇用保険二事業の保険料」とは労働者の失業予防、雇用機会の増大、労働者の能力開発などの雇用対策のことで、助成金の事業費もこちらから出ています。つまり助成金の原資は事業主（会社、オーナー）が負担しているのです。また雇用保険に未加入ですと、助成金の申請はできません。また保険料が未払いの場合は、助成金は受給できません。

【労災保険】
1人でも雇ったら、労災保険に加入。
手続きは、店舗の管轄の労働基準監督署で行う。
保険料は、概算で年度末までの分を前払い。
従業員が増えても個別に加入する必要はない。
労災保険は、スタッフのみならず、オーナーを守る保険でもある。

【雇用保険】
1週間に20時間働く人を雇用したら、個人ごとに加入。
手続きは、店舗の管轄のハローワークで行う（労基署の後で）。
保険料は、労災保険と同時に申請・納付する。
保険料は、スタッフの負担分もある。
保険料が未払いの場合は、助成金の申請ができない。

6 美容室の社会保険加入のしくみ

国の保険には、加入が義務のものと、義務ではないものがあります。

美容室の場合、個人事業ですとスタッフの人数が何人いても、社会保険の加入は義務ではありません（一部の業種を除き、スタッフ5名以上の個人事業は加入義務があります）。一方、法人の美容室の場合は、オーナー1人であっても、加入は義務となります。法人は強制加入です。

美容室を個人で開業するか、法人で開業するかで、大きく道は変わります。また法人で社会保険に加入していないサロンは、助成金が使えません。なぜかと言うと、助成金の申請要件に「労働基準法及び関係法令を守っていない会社は申請できない」となっているからです。加入義務があるのに、加入をしていないということは、法令順守ができていない、ということなのです。

社会保険の問題は、オーナー自身の社会保険をどうするか？　という問題と、サロン（スタッフ）の社会保険をどうするか？　という、2つの問題があります。その2つの問題を確認する前に、社会保険の仕組みそのものについて、説明します。

「社会保険」と言われるものは、病気やケガ、失業、仕事中のケガや病気（労働災害）、介護や死亡などの危険に備えるために、国民が保険料を出し合って皆で支えあう制度のことを言います。広い意味では、労働保険や国民年金、国民健康保険も含まれます。

今回お話をするのは、病気やケガの時の健康保険制度、高齢になった時などの年金制度のことです。その中でも、よく「うちの店は社会保険に加入しています」という場合の「社会保険」は「健康保険」と「厚生年金」のセットのことを指しています。

では、オーナー個人についての社会保険について、検討していきましょう。オーナー自身が独立する前に勤めていたサロンが「社会保険加入」だったか、「社会保険未加入」だったかによって選択肢は変わります。

① オーナー自身の健康保険制度（病気・ケガ）について

「健康保険制度（病気・ケガ）」は、①国民健康保険に加入する、②家族の加入している健康保険扶養に入る、③「任意継続制度」（以前の健康保険制度に入り続ける）を利用する（社会保険加入のサロンに2カ月以上勤務があった場合。最長2年利用可能）という選択肢があります。

保険料の金額を基にして、どの制度に加入するか検討をするとよいと思います。

もしできるのであれば、②の家族の健康保険の扶養に入る、というのが一番お得です。どういう場合に該当するかといいますと、「家族が健康保険に加入」していて、オーナー自身の年間収入が130万円未満の場合に該当します。お店を開業してからは、収入要件で条件をクリアできないと思われますので、退職してから開業までの準備期間に利用することができます。ちなみにこの扶養に入れてもらう家族配偶者であれば「国民年金」にも保険料を払わずに加入ができます。配偶者の「社会保険」の扶養になると、健康保険・国民年金（3号被保険者といい、保険料の支払いがなく加入できる制度）ともに加入ができます。

開業すると多くの方は①の国民健康保険に加入をします。特別に以前の勤め先で2カ月以上社会保険に加入していた場合に、③の任意継続制度を利用できます。

「任意継続制度」とは、以前の社会保険に加入し続けるという制度ですが、保険料に特徴があります。保険料は以前の保険加入機関（健康保険組合、協会けんぽ）によって異なりますので、お問い合わせください。任意継続制度のメリットは、保険料が①の国民健康保険より安くなることがある、という点です。

社会保険に加入していた時に高収入だった方は、国民健康保険になると保険料が高くなる場合があります。理由は、国民健康保険は前年の収入をベースにして、保険料が決まるという仕組みだからです。

【任意継続制度を利用する場合の注意点】
社会保険に2カ月以上加入している必要がある。
退職の翌日から20日以内に手続きしないと加入できない。
加入できる期間は、最長2年間。
保険料は、退職した時の保険料または、その保険の加入者の平均の保険料。
在職中は労使折半していた保険料を、会社負担分も支払う必要がある。
保険料は一度決まったら、変わらない。

また、国民健康保険には「扶養」という概念がないので、家族が多くなると保険料も多くなります。任意継続制度の場合の保険料は、退職前のご自身の保険料または、その保険加入者の平均の保険料が適用されます。しかし、在職中の保険料は会社と折半でしたが、会社負担分だった部分も支払う必要があります。また、退職日の翌日から20日以内に申請しなければいけない、保険料の支払いを延滞すると失効してしまうなど、いくつか要件があります。

保険料の比較は、各窓口で確認すると教えてくれます。国民健康保険は、ご自身のお住まいの各市町村が窓口です。任意継続は、以前の加入していた健康保険です。これから開業される方は、在職中に調べておくとスムーズです。

② オーナー自身の年金制度について

年金制度は選択肢があるわけではなく、国民年金に加入することになります。こちらも手続きは、ご自身のご住所の各市町村が窓口です。保険料も一律に決まっています。奥様が扶養家族だった場合は、奥様も加入が必要です。平成29年度の保険料は、ひと月16，490円です。現金または口座振替で支払いができます。平成29年4月からは、新たに現金・クレジットカードの2年前納ができるようになりました。

毎月納付、6カ月前納（まとめて前払い）、1年前納、2年前納とあります。平成29年度で、1年分を前納すると3，510円の割引、2年分を前納すると14，400円の割引が受けられます。2年前納は、毎年2月末までに申し込む必要がありますので、タイミングによっては利用できない場合があります。国民年金は所得税の計算する上で社会保険料控除が受けられますので、所得が多くなりそうな時に前納制度を利用してもよいと思います。

また、退職して開業する前までの期間で保険料を納めることが難しい場合は、国民年金の免除制度を利用することもできます。こちらも申請窓口は、ご自身のご住所の各市町村窓口です。国民年金は、「将来もらえるかわからないし」と、未納の方も多いですが、これは大変リスクの大きいことです。年金は、老後だけでなく、「障害」「死亡」というリスクへの備えでもあります。特に小さいお子様がいらっしゃるオーナーの方は、ご家族の為にも加入を忘れずにしておきましょう。

③ サロンの社会保険をどうするか？

美容室で個人経営の場合は、社会保険加入は義務ではありません。個人経営の場合は、通常はオーナーもスタッフも国民年金、国民健康保険です。しかし、最近スタッフの福利厚生の為、求人の為、色々な理由で社会保険に加入するサロンが増えています。たまに「社会保険に加入したいので、サロンを個人経営から法人にしようかと思うのですが？」と相談を受けることがあります。

基本的に、社会保険に加入するためだけに法人にすることは、お勧めしていません。むしろ止めています。なぜか？と言うと、法人で社会保険に加入した場合は、オーナーは役員となり、会社から「役員報酬」を受け取ります。そうすると、オーナーも社会保険に加入する義務が発生します。

一方、個人経営のままで社会保険に加入した場合は、オーナーは社会保険に加入できません。社会保険料（健康保険・厚生年金合わせて）は、支払う給与（または役員報酬）の14％前後ですが、この金額をスタッフ、サロンの両方が支払うことになります。社会保険で加入すると、オーナーも社会保険に加入することになり、この金額が大きく負担になる場合もあります。経営が上手くいっている会社ほど、負担は大きくなります。

余談となりますが、「健康保険だけ、健康保険組合に加入しようかと思うのですが、どうでしょうか？」と相談を受けることがあります。健康保険は、業界団体などで作る「健康保険組合」というものがあります。美容業ですと、「全日本理美容健康保険組合」がそれに当たります。昔は健康保険料率が通常で入る健康保険（協会けんぽ）の保険料率より低かったので、入りたいという方が多かった時もありました。しかし今は保険料の点から見ると、サロンの所在地（協会けんぽは都道府県によって、保険料率が違う）によっては、通常の健康保険の方が保険料率の方が低い場合もありますので、よく検討をされてから加入することをお勧めしています。

④ 社会保険に加入するメリット

昨今、社会保険に加入していないと、美容学校からの求人が難しい、と聞いています。美容学校の生徒の親御さんが、会社勤めの方が多くなっており、「社会保険加入の有無」「休日数」など、労働条件に対しての目が厳しくなっている傾向があります。

社会保険に加入するサロンの理由は、求人対策、またはオーナー自身が以前の職場で社会保険に加入していたためスタッフの福利厚生を充実させたい、という考えをお持ちであるケース、スタッフからの要望、などがあります。

では、社会保険のメリットは何か？　実は加入されているオーナーでも、即答できる方は少ないようです。高い保険料を払っているのですから、しっかりと内容を理解して、スタッフにも説明ができるといいですね。

前述したように、社会保険は健康保険と厚生年金の2つを指します。まず、健康保険から見ていきます。国民健康保険になくて、健康保険にある制度が①出産手当金、②傷病手当金、③家族の扶養制度です。①と②はどちらも働けない期間に、健康保険から補償を受けられる制度です。

○出産手当金について

労働基準法で出産予定日から6週間前の期間は、スタッフから休業の申し出があった場合は休ませなくてはいけません（要望がなければ、働かせてもよい）。出産後の翌日から8週間は働くことが禁止されています。この働かない期間は、給与の支払いは要りません。スタッフ側からすると、給与がなく困ります。この働かず給与が貰えない期間、「出産手当金」として、給与の約2／3の金額を健康保険から受け取れます。これから結婚、出産を控えるスタッフには嬉しい制度です。またこの産前産後休業、そのあとの育児休業期間中の社会保険料は、会社・スタッフともに免除されています。

【例】月給20万円のスタッフが産前6週間、産後8週間休業する場合

※200,000円÷30日×2／3×96日＝435,512円

※支給開始日以前の12カ月の各月の給与をベースとします。

○傷病手当金について
傷病手当金ですが、これは私傷病（仕事中のケガや病気以外）で休業する場合、最長1年半までの期間、給与の約2／3の金額を健康保険から受け取れます。在職中に申請をしている場合、その後退職しても申請が可能です。ご家族がいる男性スタッフにとっては、とても安心できる制度です。

【例】月給20万円のスタッフが1年間休業する場合
※200,000円÷30日×2／3×365日＝1,622,060円
※支給開始日以前の12カ月の各月の給与をベースとします。

○社会保険の扶養について
健康保険の扶養制度は、ご家族が多いスタッフにはとても助かる制度です。年収130万円未満の家族は扶養家族に入れられるので、保険料の支払いなく保険に加入することができます。国民健康保険ですと、「均等割り」という1人当たり追加となる保険料がありますが、健康保険は不要です。つまり1人でも扶養家族がいても、保険料は同額です。初めて社会保険に入られる方は、すごくお得ですね！　と驚かれる制度です。

⑤ 厚生年金のメリットについて

厚生年金のメリットとは何か？　というと、将来受け取る年金額が増える、ということです。

社会保険（健康保険・厚生年金）の保険料は労使折半（会社とスタッフで折半）ですから、保険料は半額支払うだけでよいという点に加え、給料に比例した金額（報酬比例部分）が国民年金（基礎年金）にプラスされます。

よく「年金は2階建て」だといわれています。どういうことかというと、1階部分が国民年金（基礎年金）であ

り、その上の2階に厚生年金があるということを表しています。

国民年金は基礎年金とも言われ、誰もが加入している年金なのです。それにプラスして、厚生年金に加入していると、基礎年金＋厚生年金というように2階建てになります。そして、2階建てになるということは、受け取れる年金の額も、増えます。

厚生年金に加入していると、国民年金＋厚生年金の金額が受け取れる年金額です。

国民年金の加入期間は、20歳から60歳の40年間です。月数にすると、480カ月になりますが、この480カ月分の保険料を納めると、満額の国民年金を受給できます。

受給する年金額は、毎年物価、賃金変動率を参考にして改正されます。平成29年度の国民年金の額は、779，292円です。これに、厚生年金の場合は、それぞれの現役時代の給与をベースにした厚生年金が支給されます。

【厚生労働省　プレスリリース　より】

○平成29年度の新規裁定者（67歳以下の方）の年金額の例

平成29年度（月額）64，941円

国民年金（老齢基礎年金（満額）：1人分）

【図表4-6-1】年金のイメージ図

日本の公的年金制度は、2階建て構造で、国民年金は国内に居住する20歳以上60歳未満のすべての方が被保険者となり、高齢期になれば加入期間に応じて基礎年金を受け取れます。これに加え、会社員は厚生年金、公務員等は共済組合に加入し、基礎年金の上乗せとして過去の報酬と加入期間に応じて報酬比例年金を受け取ることになります。

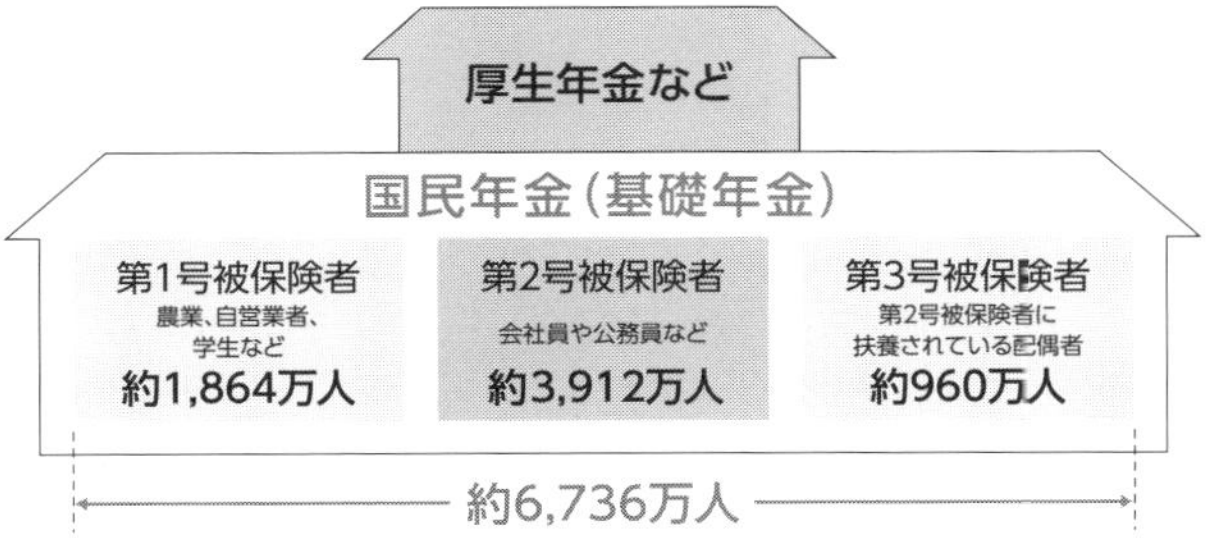

（注）さらにより豊かな老後に備えることを目的として、勤めている会社等が運営する企業年金制度や自営業者等を対象とした国民年金基金があります。

厚生年金※（夫婦2人分の老齢基礎年金を含む標準的な年金額）221,277円

※厚生年金は、夫が平均的収入（平均標準報酬（賞与含む月額換算）42.8万円）で40年間就業し、妻がその期間すべて専業主婦であった世帯が年金を受け取り始める場合の給付水準です。

このプレスリリースは標準的な例として、厚生年金の金額を試算していますが、国民年金より多くなるのは間違いありません。

また、厚生年金のもう1つのメリットとして、扶養家族の配偶者は「3号被保険者」として、保険料を支払わなくても国民年金に加入することができます。

以下の図に、オーナーとスタッフの加入する保険について、まとめました。スタッフの立場ではサロンが社会保険に加入しているかどうかで、加入する社会保険が変わります。オーナーは、サロンを法人で経営するか？　個人で経営するか？　によって変わります。

それぞれメリット、デメリットがありますので、ご自身にとってより良い選択をしましょう。

【図表4-6-2】 オーナーとスタッフの加入する保険の違い

	スタッフ		オーナー	
	社保のあるサロン	社保のないサロン	法人	個人
社会保険	健康保険（扶養あり）	国民健康保険	健康保険（扶養あり）	国民健康保険（任意継続）
社会保険	厚生年金（配偶者の扶養あり）	国民年金	厚生年金（配偶者の扶養あり）	国民年金
労働保険	労災保険			
労働保険	雇用保険			

第5章

スタッフを雇った時にすること&助成金

美容室を開業して、軌道に乗ってきたらスタッフの採用を考える時期が来ます。スタッフの募集をどうしよう？と思った時、お金がかからない採用方法としては、知り合いに働いてもらう、サロンに求人の張り紙をする、などがあります。ほかにはハローワークでの求人も無料で行えます。

1 ハローワークでの求人の方法

ハローワークの求人を初めてする場合、サロンの住所を管轄するハローワークへ行き、求人票を提出する必要があります。

しかし、何も用意をせずに行くと、手間取りますので、最低限以下のことを決めてから訪問することをお勧めします。

○求人する方の区分 ▼ 正社員で採用するのか、パートタイマーで採用するのか、契約社員として採用するのか、などあらかじめ決めておきましょう。

迷った場合は、何通も出しておいてもよいです。

○給与 ▼ 時給〇〇円～△△円の範囲、または月給〇〇万～△△万の範囲、など。

交通費は出すのか？　上限はいくらにするか？　も重要なポイントです。

○勤務時間 ▼ スタッフを採用する場合の勤務時間です。

労働基準法では、1日の法定労働時間（働かせてよい時間）は8時間です。それを超える場合は、残業代の支払いが必要です。

パートタイマーの採用を考えている場合は、「〇時～△時の間で、□時間程度働ける人」などを想定しておくとイメージしやすいです。

○休日

▼フルタイムスタッフを採用する場合、月に休みを何日にするのか？ 年間休日は何日にするのか？ を決める必要があります。1日8時間労働の場合は、1か月単位の変形労働制を採用しても月に7日の休日は必要です。

求人票には、定型の労働条件を記入するところ以外に、「仕事の内容」「備考」「特記事項」といったフリースペースがあります。そこに、サロンの特徴や、アピールできることを記入しておけば、オーナーの希望に沿った人が応募してくれる可能性が高まります。

また、ブログを書かれている場合は、検索しやすいキーワードなどを記入されることをお勧めします。スタッフの方が長く働いてくれるかどうかは、サロンやオーナーとの相性もありますので、事前にこちらから希望するスタッフ像を描いておくと面接がスムーズになることもあります。

【図表5-1-1】求人票の様式

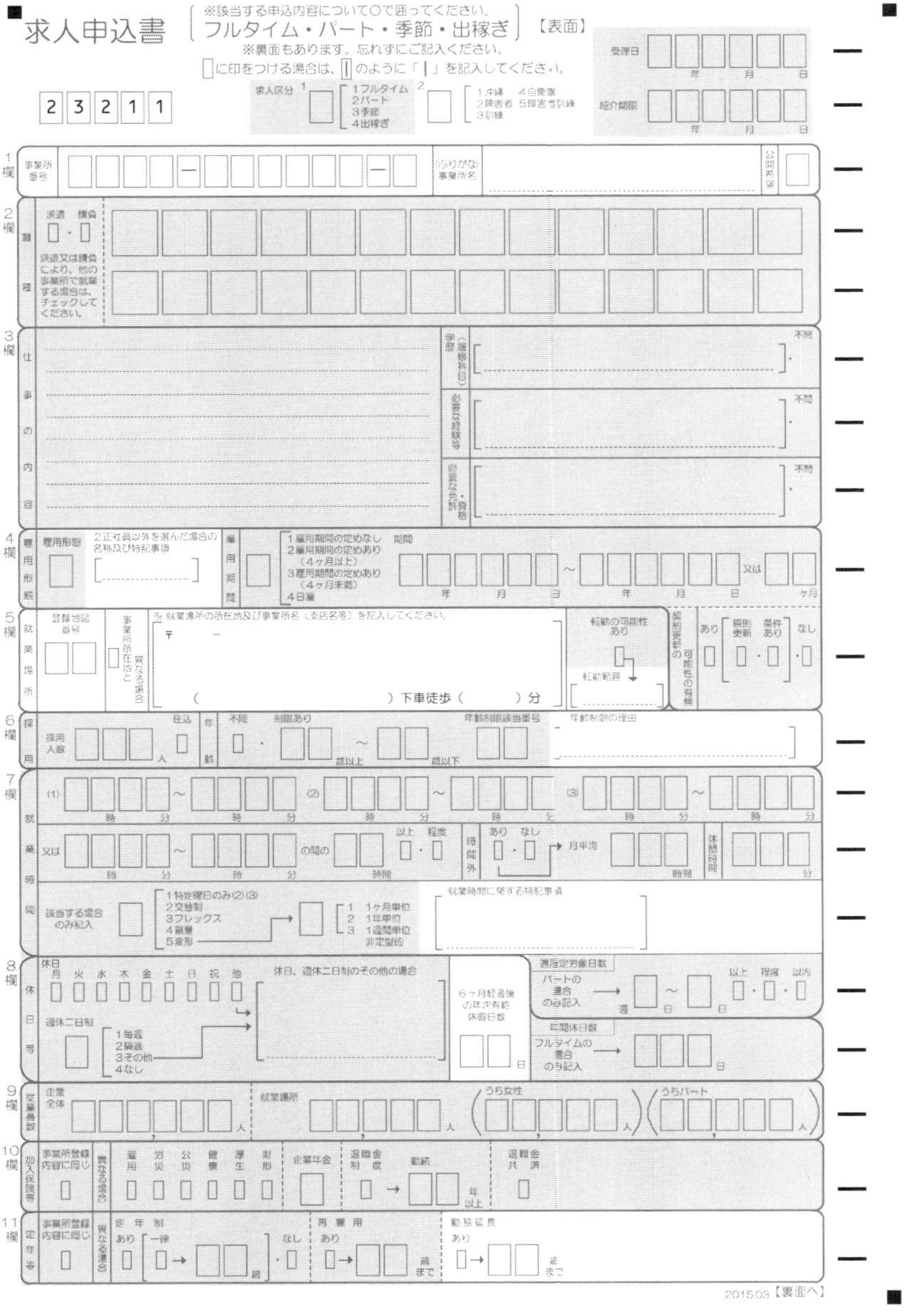

2 スタッフを雇用する時のルール

スタッフを採用すると、「労働基準法」という法律をはじめ「労働安全衛生法」「労働者災害補償保険法」「雇用保険法」など、様々な法律を守る必要が出てきます。

こう書くと堅苦しく感じられるかもしれませんが、法律を守ることがオーナー自身を守ることに繋がりますので、とても重要なところだと認識をしてください。

主なポイントは、以下の3点です。

○法定労働時間、法定休日のルール
○最低賃金
○保険加入

① 法定労働時間、法定休日のルールとは？

法定労働時間とは、法律（労働基準法）で決められている「働かせてよい時間の上限時間」のことを言います。

【労働基準法】

1 使用者は、原則として、1日に8時間、1週間に※40時間を超えて労働させてはいけません。

2 使用者は、労働時間が**6時間を超える場合は45分以上、8時間を超える場合は1時間以上の休憩**を与えなければいけません。

３　使用者は、少なくとも**毎週１日の休日**か、**４週間を通じて４日以上の休日**を与えなければなりません。

この働かせてはいけない時間に、働かせることを、一般に「時間外労働」または「残業」といいます。

残業をさせる時は、スタッフの代表と協議をして、「残業の上限時間」を「何時間にするのか？」を決めた「労使協定書」を作成し、所轄（住所の管轄）の労働基準監督署へ届出すると、その決めた範囲内の残業をさせることができます。この届出のことを「サブロク協定」といいます。

※１のところに、１週間につき40時間とありますが、特別にこれが44時間となる店舗もあります。「特例措置対象事業所」といい、美容室、飲食店、小売業、診療所などの業種で、常時使用する労働者が10名未満のところ、と決められています。ですから、開業されたばかりのサロンは、ほとんどの場合が「特例措置対象事業所」となるかと思われます。

この法定労働時間が１週間44時間となる制度ですが、どのように利用したらよいのかを、具体的に説明します。

サロンの定休日を見ていますと、「毎週月曜日、第一、第三火曜日が定休日」というような隔週週休２日制（厳密には違います）に近い決め方をされているところが多いようです。

【図表５-２-１】労働時間早見表

	１日の労働時間	１週間の累計労働時間
月曜日	休み	—
火曜日	８時間	８時間
水曜日	８時間	16時間
木曜日	８時間	24時間
金曜日	８時間	32時間
土曜日	８時間	40時間
日曜日	８時間	48時間

【図表5-2-2】三六協定

様式第９号（第17条関係）

時間外労働・休日労働に関する協定届

事業の種類	事業の名称	事業の所在地（電話番号）

	時間外労働をさせる必要のある具体的事由	業務の種類	労働者数（満18歳以上の者）	所定労働時間	延長することができる時間 1日	延長することができる時間 1日を超える一定の期間（起算日）		期間
① 下記②に該当しない労働者								
② 1年単位の変形労働時間制により労働する労働者								

休日労働をさせる必要のある具体的事由	業務の種類	労働者数（満18歳以上の者）	所定休日	労働させることができる休日並びに始業及び終業の時刻	期間

協定の成立年月日　　年　　月　　日

協定の当事者である労働組合の名称又は労働者の過半数を代表する者の　職名

氏名

協定の当事者（労働者の過半数を代表する者の場合）の選出方法　（　　　　）

年　　月　　日

使用者　職名

氏名　　　㊞

労働基準監督署長　殿

記載心得

1　「業務の種類」の欄には、時間外労働又は休日労働をさせる必要のある業務を具体的に記入し、労働基準法第36条第1項ただし書の健康上特に有害な業務について協定をした場合には、当該業務を他の業務と区別して記入すること。

2　「延長することができる時間」の欄の記入に当たっては、次のとおりとすること。

(1)「1日」の欄には、労働基準法第32条から第32条の5まで又は第40条の規定により労働させることができる最長の労働時間を超えて延長することができる時間であって、1日についての限度となる時間を記入すること。

(2)「1日を超える一定の期間(起算日)」の欄には、労働基準法第32条から第32条の5まで又は第40条の規定により労働させることができる最長の労働時間を超えて延長することができる時間であって、同法第36条第1項の協定で定められた1日を超えて3箇月以内の期間及び1年についての延長することができる時間の限度に関して、その上欄に当該協定で定められたすべての期間を記入し、当該期間の起算日を括弧書きし、その下欄に、当該期間に応じ、それぞれ当該期間についての限度となる時間を記入すること。

3　②の欄は、労働基準法第32条の4の規定による労働時間により労働する労働者（対象期間が3箇月を超える変形労働時間制により労働する者に限る。）について記入すること。

4　「労働させることができる休日並びに始業及び終業の時刻」の欄には、労働基準法第35条の規定による休日であって労働させることができる日並びに当該休日の労働の始業及び終業の時刻を記入すること。

5　「期間」の欄には、時間外労働又は休日労働をさせることができる日の属する期間を記入すること。

これですと、「うちは特例措置事業所です！」と言っても、週休１日のところは４時間分残業が発生します（48時間－44時間＝４時間）。

この余ってしまう４時間分の労働時間ですが、これを「法定労働時間」に入れて、残業代の支払い対象としない制度があります。それを「変形労働時間制」といいます。

②　変形労働時間制とは？

変形労働時間制とは、「労働時間を１日、１週間単位ではなく、月単位または年単位で平均して計算することができるようになる制度」です。

通常は１日８時間、１週40時間または44時間を超えると、残業代の支払いが必要となりますが、この一定期間で「法定労働時間」をクリアしていれば、残業代の支払いが不要です。しかし、この制度を導入するには一定の要件があり、届出も必要です。

スタッフ（労働者）にとっては、不利になることもある制度ですから、勝手に何のルールも決めずに利用することはできません。

10名未満の小規模のサロンでよく利用されている制度は「１カ月単位の変形労働時間制」、10名以上の多店舗展開しているサロンで利用されているのが「１年単位の変形労働時間制」です。

③　１カ月単位の変形労働時間制とは？

「１カ月の変形労働時間制」は、文字通り１カ月単位で労働時間を平均する制度です。就業規則に規定をしていれば、通常のサブロク協定だけの届出で大丈夫です。就業規則に規定していない場合は、別に労使協定が必要です。

なぜ1カ月単位の変形労働時間制を、小規模のサロンが採用しているかというと、1カ月単位の場合は、法定労働時間が44時間のままでいいからです。1年単位の変形労働時間制は、長い期間で平均するので、労働者の負担を考えて「特例措置事業所」であっても、法定労働時間が40時間となっています。

運用の仕方も簡単なので、こちらを使用されているサロンが多いです。具体的に、どう決めていくかを説明します。

1カ月で平均して、法定労働時間の総枠の範囲内に収まればいいので、10名未満、10名以上のサロンだと、以下のように総労働時間が決まってきます。

1日の労働時間が8時間の場合は、以下の休みがあれば法定労働時間に収まります。

10名未満のサロンオーナーには、「28日の月のみ6日、その他の月は7日休みがあればいいですよ」と、お伝えしています。届出をするだけで、残業の対象となる時間が法定労働時間になるので、これはぜひ利用されることをお勧めします。

【図表5-2-3】 それぞれの法定労働時間の総枠

1カ月の日数	10名未満のサロン	10名以上のサロン
28日	176.0時間	160.0時間
29日	182.2時間	165.7時間
30日	188.5時間	171.4時間
31日	194.8時間	177.1時間

【図表5-2-4】 必要な休日数

1カ月の日数	10名未満のサロン	10名以上のサロン
28日	6日	8日
29日	7日	9日
30日	7日	9日
31日	7日	9日

④　1年単位の変形労働時間制とは？

1年単位の変形労働時間制とは、1年間で平均して法定労働時間（40時間）以内であればよい、という制度です。

ただ、「1カ月単位の変形労働時間制」に比べると労働者の負担が大きくなる可能性があるので、色々と制約事項があります。

図表5-2-5の表の※1にある通り、通常は法定労働時間が44時間となる特例措置対象事業所の場合も、1年単位の変形労働時間制を導入する場合は、法定労働時間が40時間となります。

1日8時間労働のサロンの場合で、1年単位の変形労働時間制を導入する場合の必要休日数は105日となります。最近では、年間休日が105日というサロンもありますが、まだまだ休日数が100日未満、というところもあります。その場合は、遅番・早番制度など、労働時間が短い日を設定するなどをして、1年間の総労働時間が法定労働時間以内になるようにします。

1年間の変形労働時間制を導入する場合は、通常の「時間外・休日労働に関する協定届」（サブロク協定）とは別に「一年単位の変形労働時間制に関する協定届」及び「一年単位の変形労働時間制の協定書」、年間休日カレンダーを添付する必要があります。

【図表5-2-5】基本の枠組み

対象期間	1か月以上、最長1年
1週あたりの平均労働時間の限度	40時間 ※1　特例措置対象事業所の場合も40時間になる。
1日、1週あたりの所定労働時間の限度	原則1日10時間、1週52時間まで ※2　労働時間が48時間を超えることができるのは3週間まで。
対象期間内の労働日数の限度	原則1年間に280日
連続して労働させる日数の限度	6日
時間外労働の限定基準	通常の労働者より短くなる
対象期間内の総労働時間の限度	40時間×（対象期間中の総日数÷7日）

また、多くのサロンではシフト制でお休みを決めているところが多いですが、その場合は、初めの月の分のみですが、シフト表の添付も必要です。

⑤ 最低賃金とは?

スタッフを雇う際に、法定労働時間とともに、確認しなければならないことがあります。

「最低賃金」です。これは、「1時間当たり最低支払わなければならない金額」が都道府県別に決められている制度です。都道府県によって細かな時期は違いますが、毎年10月頃に変更となります。近年、この最低賃金の上昇が著しく、平成28年10月の改定では25円アップしたところもあります。

仮に基本給を最低賃金ギリギリで設定していた場合は、25円アップすると基本給が5,000円程度上がります。同じスタッフでも、9月と10月の給与では5,000円の給与の差があるということです。しばらくは最低賃金の上昇が続くことが予想されますので、それを見越して給与の設定をする必要があります。

図表5-2-6の表は、主な都市の平成28年度の最低賃金の表です。年度といっても、毎年10月頃から翌年の10月頃までが適用となりま

【図表5-2-6】平成28年度地域別最低賃金改定状況

都道府県名	最低賃金時間額【円】		発効年月日
埼　玉	845	(820)	平成28年10月1日
千　葉	842	(817)	平成28年10月1日
東　京	932	(907)	平成28年10月1日
神奈川	930	(905)	平成28年10月1日
愛　知	845	(820)	平成28年10月1日
京　都	831	(807)	平成28年10月2日
大　阪	883	(858)	平成28年10月1日
兵　庫	819	(794)	平成28年10月1日
沖　縄	714	(693)	平成28年10月1日
全国加重平均額	823	(798)	-

(　)内の金額は、前年の最低賃金。

す。見て頂くとわかるように各都道府県別で金額が違っています。一番高いのは東京都で９３２円です。一番低いのは、沖縄県を初めとした都心部から離れた県です（表には載せていませんが、沖縄県と同じ最低賃金の県があります）。

この最低賃金を下回って働かせた場合は、既払いの賃金と最低賃金で計算した賃金の差額の支払いが必要となります。法律上も「最低賃金を下回った労働契約は無効」とされています。また、後でご紹介する助成金の申請では、「法定労働時間」とともに「最低賃金を下回っていないか？」、「残業代の支払いはされているか？」ということがしつこいぐらいにチェックされます。

3 法人または個人事業で変わるスタッフの社会保険

前の章でも書きましたが、法人で開業するか、個人で開業するかによって、加入しなければいけない保険が変ります。

労災・雇用保険は変わりませんが、社会保険が法人は強制加入、個人は任意適用といい、入っても入らなくても良い、という制度になっています。

法人は強制加入なので、社長一人であっても加入が必要です。昔は、法人のサロンも社会保険に加入していないところも多くありましたが、ここ近年は年金事務所等からの加入勧奨（入りなさいという、催促のようなもの）も増えています。

なぜ加入勧奨が多くなったか？　というと、平成27年から国税庁のデータを社会保険加入勧奨に使用するようになったからです。国税庁に登録のある法人で、社会保険に加入がない事業所は、「社会保険未加入」となります。そこにファックス、電話、訪問などで、社会保険に加入するように、勧奨をしています。

反対に、個人事業ですと、「入っても入らなくてもよい」というスタンスです。加入する場合は、加入対象となるスタッフの1／2の同意が必要となり、もし仮に社会保険を抜けたい場合は、加入しているスタッフの3／4の同意が必要です。法人の場合は、給料・報酬を支払う人がいなくなっても、会社自体が社会保険から抜けることはできません（給与・報酬の支払いがない場合は、社会保険料も0円ですが、毎年給与・報酬の支払いがないことを申告する必要があります）。

社会保険料の金額の内訳は「健康保険料」「介護保険料」「厚生年金保険料」の3つとなっています。

「健康保険料」「介護保険料」は年度（4月〜翌年3月）で変わります。「厚生年金保険料」は毎年9月分（10月の支払い給与）から変わります。

「健康保険料」は各都道府県で違います。財政的にゆとりがあるところは、保険料が低く、厳しいところは高い、というようにできています。

「厚生年金保険料」は、健康保険とは違い全国一律の保険料となっています。今までは毎年9月分から0．354%づつアップしていましたが、平成29年9月分以降は18．3%で固定される予定です。

「社会保険料っていくらぐらいですか?」という質問をよく受けますが、「通勤費を含んだ給料の総額に、約14%

【図表5-3-1】 平成29年都道府県単位保険料率

北海道	10.22%	滋賀県	9.92%
青森県	9.96%	京都府	9.99%
岩手県	9.82%	大阪府	10.13%
宮城県	9.97%	兵庫県	10.06%
秋田県	10.16%	奈良県	10.00%
山形県	9.99%	和歌山県	10.06%
福島県	9.85%	鳥取県	9.99%
茨城県	9.89%	島根県	10.10%
栃木県	9.94%	岡山県	10.15%
群馬県	9.93%	広島県	10.04%
埼玉県	9.87%	山口県	10.11%
千葉県	9.89%	徳島県	10.18%
東京都	9.91%	香川県	10.24%
神奈川県	9.93%	愛媛県	10.11%
新潟県	9.69%	高知県	10.18%
富山県	9.80%	福岡県	10.19%
石川県	10.02%	佐賀県	10.47%
福井県	9.99%	長崎県	10.22%
山梨県	10.04%	熊本県	10.14%
長野県	9.76%	大分県	10.17%
岐阜県	9.95%	宮崎県	9.97%
静岡県	9.81%	鹿児島県	10.13%
愛知県	9.92%	沖縄県	9.95%
三重県	9.92%		

※40歳から64歳までの方（介護保険第2号被保険者）は、これに全国一律の介護保険料率（1.65%）が加わります。（※年度によって介護保険料率も変わります）

を掛けた金額です」と答えています。40歳から65歳未満の方には介護保険料がかかります。そして健康保険料は都道府県によって変わりますので、細かな数字は変わりますが、概算を計算される段階であれば、それで試算して頂いて差支えないと思います。

数年前は、「社会保険加入したくないから、個人で経営を続けている」というオーナーが多くいらっしゃいましたが、最近開業される方の中には「社会保険に最初から加入する」という方も多くいらっしゃいます。どちらを選択するかは、オーナー次第です。

どちらにもメリットがありますので、ご自身でよく考えて選択をされることをお勧めします。

4 毎年必要となる手続き

開業をすると、毎年やらなければいけない手続きがあります。全てのオーナーがしなければいけないのが、税金の申告で個人であれば一般に「確定申告」というもの、法人であれば「会社の税務申告」です。

それに加えスタッフを雇用した場合は、労働保険料の精算の「年度更新」、社会保険に加入した場合は社会保険料の確定の為の「算定基礎」があります。

① 労働保険料の精算・年度更新

労働保険（労災保険・雇用保険）は、スタッフを1人でも雇ったら、加入が必要です。その保険料はどのように申告・納付をしているか？　を説明します。

労働保険料は4章で説明したとおり前払いになっています。初めてのスタッフを雇い、労働保険に入った時、保険に入るための「成立届」と保険料を払うための「申告書」を提出します。その時「申告書」では、雇ってから年度末までのたぶん支払うであろう賃金額を申告して、保険料の支払いをします。その翌年からは、毎年7月に「年度更新」という手続きをして保険料の支払いをしていきます。「年度更新」は、前年度、または開業時に支払った保険料と、実際にかかる保険料（実際に支払った賃金を基に確定）をプラスマイナスして精算をし、今年度かかるであろう予定の賃金を基に保険料を前払いする、という仕組みです。

以下、事例で説明します。

【事例】

開業　平成28年10月1日開業
賃金締切日　末日
スタッフ　正社員　1名
賃金　基本給　19万円、交通費　1万円、合計　20万円

〈開業時の保険料〉

開業時には、開業した平成28年10月から平成29年3月までの保険料を前払いします。

概算の今年度の賃金
20万円（交通費含む）×6カ月（10月～翌3月）＝120万円

○概算保険料

平成28年度　労災保険料率　0.3％
平成28年度の雇用保険料率　1.1％（会社負担、スタッフ負担分合わせて）
120万円×1.4％＝**16,800円**

〈翌年度の保険料〉

平成29年7月に、前年度に実際に支払いをした賃金から保険料を確定して（確定保険料）、平成29年度の概算保険料の支払いをします。

（例　実際の支払い賃金）
平成28年10月〜12月　スタッフ1名　20万円（交通費含む）
平成29年1月〜3月　スタッフ2名　45万円（交通費含む）

○確定保険料
20万円　×　3カ月　＝　60万円
45万円　×　3カ月　＝　135万円
合計　195万円

195万円　×　1．4％　＝　27，300円　▼　確定保険料
前払いした保険料と相殺し精算します。
16，800円　－　27，300円　＝　△10，500円　▼　追加で10，500円の支払いが必要

○今度年度の概算保険料
平成29年度　労災保険料率　0．3％
平成29年度の雇用保険料率　0．9％（会社負担、スタッフ負担分合わせて）
45万円　×　12カ月　＝　540万円
540万円　×　1．2％　＝　64，800円

【図表5-4-1】保険料申告書の様式

様式第6号（第24条、第25条、第33条関係）（甲）

労働保険 概算・増加概算・確定保険料 申告書
石綿健康被害救済法 一般拠出金

継続事業（一括有期事業を含む。）

標準字体 0 1 2 3 4 5 6 7 8 9

第3片「記入に当たっての注意事項」をよく読んでから記入して下さい。
OCR枠への記入は上記の「標準字体」でお願いします。

提出用

下記のとおり申告します。

種別 32700　※修正項目番号　※入力徴定コード

平成　年　月　日

①労働保険番号（都道府県 所掌 管轄 基幹番号 枝番号）

※各種区分（管轄(2) 保険関係等 業種 産業分類）

あて先 〒330-6016
さいたま市中央区新都心11番2

埼玉労働局
労働保険特別会計歳入徴収官殿

②増加年月日（元号：平成は7）　③事業廃止等年月日（元号：平成は7）　※事業廃止等理由

④常時使用労働者数　⑤雇用保険被保険者数　⑥免除対象高年齢労働者数　※保険関係　※片保険理由コード

⑦ 確定保険料算定内訳 区分	⑧ 保険料・拠出金算定基礎額	⑨ 保険料・拠出金率	⑩ 確定保険料・一般拠出金額（⑧×⑨）
算定期間	平成　年　月　日から　平成　年　月　日まで		
労働保険料	(イ) 千円	(イ) 1000分の	(イ) 円
労災保険分	(ロ) 千円	(ロ) 1000分の	(ロ) 円
雇用保険分 雇用保険法適用者分	(ハ) 千円		
雇用保険分 高年齢労働者分	(ニ) 千円	(ニ) 1000分の	(ニ) 円
雇用保険分 保険料算定対象者分	(ホ) 千円	(ホ) 1000分の	(ホ) 円
一般拠出金（注1）	(ヘ) 千円	(ヘ) 1000分の	(ヘ) 円

⑪ 概算・増加概算保険料算定内訳 区分	⑫ 保険料算定基礎額の見込額	⑬ 保険料率	⑭ 概算・増加概算保険料額（⑫×⑬）
算定期間	平成　年　月　日から　平成　年　月　日まで		
労働保険料	(イ) 千円	(イ) 1000分の	(イ) 円
労災保険分	(ロ) 千円	(ロ) 1000分の	(ロ) 円
雇用保険分 雇用保険法適用者分	(ハ) 千円		
雇用保険分 高年齢労働者分	(ニ) 千円		
雇用保険分 保険料算定対象者分	(ホ) 千円	(ホ) 1000分の	(ホ) 円

⑮事業主の郵便番号（変更のある場合記入）　⑯事業主の電話番号（変更のある場合記入）　⑰延納の申請 納付回数

※検算有無区分　※算調対象区分　※データ指示コード　※再入力区分　※修正項目

⑧⑩⑫⑭欄の金額の前に「¥」記号を付さないで下さい

⑱ 申告済概算保険料額　円

⑳ 差引額 (イ)充当額 ⑱－⑩の(イ)　(ロ)還付額 ⑱－⑩の(イ)　(ハ)不足額 ⑩の(イ)－⑱　円

⑲ 申告済概算保険料額　円

㉑ 増加概算保険料額 ⑭の(イ)－⑲　円

㉒ 期別納付額
- 第1期（初期）：(イ)概算保険料額　(ロ)充当額　(ハ)不足額　(ニ)今期労働保険料　(ホ)一般拠出金額　(ヘ)今期納付額　円
- 第2期：(ト)概算保険料額　(チ)充当額　(リ)第2期納付額　円
- 第3期：(ヌ)概算保険料額　(ル)充当額　(ヲ)第3期納付額　円

㉓ 保険関係成立年月日

㉔ 事業廃止等理由（1）廃止 (2)委託 (3)個別 (4)その他

㉕ 事業又は作業の種類

㉖ 加入している労働保険（イ）労災保険（ロ）雇用保険　㉗ 特掲事業（イ）該当する（ロ）該当しない

㉘ 事業（イ）所在地（ロ）名称

㉙ 事業主 郵便番号　電話番号（　）－
（イ）住所（法人のときは主たる事務所の所在地）
（ロ）名称
（ハ）氏名（法人のときは代表者の氏名）　記名押印又は署名 印

（なるべく折り曲げないようにし、やむをえない場合には折り曲げマーク（▶）の所で折り曲げて下さい。）

石綿による健康被害の救済に関する法律第35条第1項に基づき、労災保険適用事業主から徴収する一般拠出金

一般拠出金は延納できません

きりとり線（1枚目はきりはなさないで下さい。）

10，500円（前年度不足分）＋64，800円（今年度概算保険料）＝75，300円
平成29年の年度更新で支払う保険料は75，300円です。
（実際は「拠出金」もありますが、わかりやすさを重視する為、割愛します）

このように、毎年「前年度の精算」＋「今年度の前払い」をセットにして、繰り返していきます。スタッフの負担分の雇用保険料は、毎月の給料から天引きをしていきます。また前年度の既払い賃金と、今年度の賃金見込み額が、大きく変わらないと予想される場合は、前年の賃金をベースとして概算保険料を計算してよいことになっています。

② 算定基礎

社会保険料の金額は、社会保険に新規に加入した時は、サロンからの申告により決定されます。スタッフを社会保険に入れるとき「社会保険資格取得届」というものを提出します。その時、給与額（交通費込）を記入する欄があり、そこに記入した金額でその年の8月分（または翌年8月分）までの保険料が決まります。

それ以降は、毎年7月に提出をする「算定基礎届」の提出で、その年の9月分から翌年の8月分までの保険料を確定します。その手続きを「算定基礎」といいます。

算定基礎届は、4月~6月に実際に支払った給与の額を記入します。よく「4月~6月は残業しない方がいい」と言われるのは、その期間の給与をベースとして1年間の社会保険料が決まるからです。

ちなみに4月分という「分」ではなく、給料支払日が4月に支払いった給与が対象です。

末日締めの翌月10日払いのサロンでは、4月10日、5月10日、6月10日の分が対象となります。この3カ月の給

【図表5-4-2】算定基礎届の様式

事務センター長 所長	副事務センター長 副所長	グループ長 課長	担当者

届書コード	処理区分	届書	健康保険 厚生年金保険	被保険者報酬月額算定基礎届
225	※			

事業所整理記号		社労士コード		算定基礎届通番	

㋐被保険者整理番号	㋑被保険者の氏名		㋒生年月日	㋓種別	㋔㋕従前の標準報酬月額		㋖従前の改定月・原因
報酬月額					㋛支払基礎日数17日以上の月の報酬月額の総計	㋜適用年月	㋡備考（遡及支払額 昇（降）給差の月額 昇（降）給月）
㋗算定基礎月の報酬支払基礎日数	㋘通貨によるものの額	㋙現物によるものの額	㋚合計		㋝平均額	㋞修正平均額	
					㋟㋠※決定後の標準報酬月額		㋢※改定予定月 ㋣※作成原因

Ⓐ	㋐	㋑	㋒	㋓	㋔健 千円	㋕厚 千円	㋖ 年 月	
	4月 日	円	円	円	㋛ 円	㋜28年9月	㋡ 円 円	
	㋗5月 日	㋘ 円	㋙ 円	㋚ 円	㋝ 円	㋞ 円	年 月	
	6月 日	円	円	円	㋟健 千円	㋠厚 千円	㋢	㋣ 送信

Ⓑ	㋐	㋑	㋒	㋓	㋔健 千円	㋕厚 千円	㋖ 年 月	
	4月 日	円	円	円	㋛ 円	㋜28年9月	㋡ 円 円	
	㋗5月 日	㋘ 円	㋙ 円	㋚ 円	㋝ 円	㋞ 円	年 月	
	6月 日	円	円	円	㋟健 千円	㋠厚 千円	㋢	㋣ 送信

Ⓒ	㋐	㋑	㋒	㋓	㋔健 千円	㋕厚 千円	㋖ 年 月	
	4月 日	円	円	円	㋛ 円	㋜28年9月	㋡ 円 円	
	㋗5月 日	㋘ 円	㋙ 円	㋚ 円	㋝ 円	㋞ 円	年 月	
	6月 日	円	円	円	㋟健 千円	㋠厚 千円	㋢	㋣ 送信

Ⓓ	㋐	㋑	㋒	㋓	㋔健 千円	㋕厚 千円	㋖ 年 月	
	4月 日	円	円	円	㋛ 円	㋜28年9月	㋡ 円 円	
	㋗5月 日	㋘ 円	㋙ 円	㋚ 円	㋝ 円	㋞ 円	年 月	
	6月 日	円	円	円	㋟健 千円	㋠厚 千円	㋢	㋣ 送信

Ⓔ	㋐	㋑	㋒	㋓	㋔健 千円	㋕厚 千円	㋖ 年 月	
	4月 日	円	円	円	㋛ 円	㋜28年9月	㋡ 円 円	
	㋗5月 日	㋘ 円	㋙ 円	㋚ 円	㋝ 円	㋞ 円	年 月	
	6月 日	円	円	円	㋟健 千円	㋠厚 千円	㋢	㋣ 送信

社会保険労務士記載欄
㊞

平成　　年　　月　　日提出

受付日付印

事業所所在地　〒　　－

事業所名称

事業主氏名　　㊞

電話　（　　）局　　番

○※印欄は、記入しないでください。
○記入方法並びに印字されている数字の説明が裏面にありますので、よく読んで記入してください。

1605 1017 065

与の平均額で、「標準報酬月額」（保険料の基礎となる金額）を決めます。

また、固定的給与（基本給、交通費などの毎月同じ金額の給与）が変更となった場合は、届出をして、「標準報酬月額」が変わる場合もあります。これを月額変更といいます。この手続きは、変更があった（固定的給与が変った）月から4カ月目に届出をします。

5 美容室で使える助成金

助成金には、国が出しているもの、地方公共団体（市町村）が出しているものなど、いくつかあります。ここでは国の厚生労働省の管轄の助成金について、ご案内します。

厚生労働省系の助成金は、毎年度数多く出ており、その時々の時代背景などにより新しい助成金が出ることもあれば、廃止になることもあります。

厚生労働省から出ているものは、「雇用保険に加入している労働者に対し、処遇の改善（労働条件を良くするなど）、労働者の為になるような制度の導入、労働者への事業主負担での教育」をした場合に、対象となるものが多いです。

助成金の財源はどこから来ているかというと、皆様がお支払いをされている雇用保険料ですので、対象となることがあれば、しっかり活用して頂くことをお勧めします。

まず、美容室で良く使われているものについて、ご案内します。

① キャリアアップ助成金

非正規（正社員以外）を対象とした助成金です。いくつかコースがあり、要件もそれぞれ異なります。美容室でよく使われているのは「正社員化コース」「人材育成コース」です。

平成28年度は3コースだったものが、平成29年度は8コースへ増加しました。

【図表5-5-1】キャリアアップ助成金　リーフレット

（事業主の方へ）

非正規雇用労働者のキャリアアップに取り組む事業主を支援します！

キャリアアップ助成金のご案内

有期契約労働者、短時間労働者、派遣労働者といった、非正規雇用労働者の企業内でのキャリアアップ等を促進するため、**正社員化、人材育成、処遇改善の取組を実施した事業主に対して助成する制度**です。

助成内容		**助成額**　※＜＞は生産性の向上が認められる場合の額、（　）は大企業の額
正社員化コース	有期契約労働者等を正規雇用労働者等に転換又は直接雇用した場合	①　有期→正規：１人当たり**57万円＜72万円＞（42万7,500円＜54万円＞）** ②　有期→無期：１人当たり**28万5,000円＜36万円＞（21万3,750円＜27万円＞）** ③　無期→正規：１人当たり**28万5,000円＜36万円＞（21万3,750円＜27万円＞）** ※　正規には「多様な正社員（勤務地・職務限定正社員、短時間正社員）」を含みます。 ※　派遣労働者を派遣先で正規雇用で直接雇用する場合、①③：１人当たり28万5,000円＜36万円＞（大企業も同額）加算 ※　母子家庭の母等又は父子家庭の父の場合、若者認定事業所における35歳未満の対象労働者を転換等した場合、 ①：１人当たり95,000円＜12万円＞（大企業も同額）　②③：47,500円＜60,000円＞（大企業も同額）加算 ※　勤務地・職務限定正社員制度を新たに規定した場合、 ①③：１事業所当たり95,000円＜12万円＞（71,250円＜90,000円＞）加算
人材育成コース	有期契約労働者等に次のいずれかの訓練を実施 ・　一般職業訓練（OFF-JT） ・　有期実習型訓練（「ジョブ・カード」を活用したOFF-JT+OJT）	OFF-JT　賃金助成：１ｈ当たり**760円＜960円＞（475円＜600円＞）** 経費助成：実費助成　※訓練時間数に応じて1人当たり次の額を限度 （有期実習型訓練後に正規雇用等に転換された場合） 100時間未満の場合　10万円（７万円）　15万円(10万円) 100時間以上200時間未満の場合　20万円(15万円)　30万円(20万円) 200時間以上の場合　30万円(20万円)　50万円(30万円) OJT　実施助成：１ｈ当たり**760円＜960円＞（665円＜840円＞）**
賃金規定等改定コース	全て又は一部の有期契約労働者等の基本給の賃金規定等を、増額改定した場合	①　全ての賃金規定等を2%以上増額改定 対象労働者数が１人～３人：**95,000円＜12万円＞（71,250円＜90,000円＞）** ４人～６人：**19万円＜24万円＞（14万2,500円＜18万円＞）** ７人～10人：**28万5,000円＜36万円＞（19万円＜24万円＞）** 11人～100人：1人当たり**28,500円＜36,000円＞（19,000円＜24,000円＞）** ②　雇用形態別、職種別等の賃金規定等を2%以上増額改定 対象労働者数が １人～３人：**47,500円＜60,000円＞（33,250円＜42,000円＞）** ４人～６人：**95,000円＜12万円＞（71,250円＜90,000円＞）** ７人～10人：**14万2,500円＜18万円＞（95,000円＜12万円＞）** 11人～100人：1人当たり**14,250円＜18,000円＞（9,500円＜12,000円＞）** ※　中小企業において3%以上増額した場合、①：14,250円＜18,000円＞加算、②：7,600円＜9,600円＞加算 ※　「職務評価」の手法の活用により実施した場合、１事業所当たり19万円＜24万円＞（14万2,500円＜18万円＞）加算
健康診断制度コース	有期契約労働者等を対象に「法定外の健康診断制度」を新たに規定し、４人以上に実施した場合	１事業所当たり**38万円＜48万円＞（28万5,000円＜36万円＞）**
賃金規定等共通化コース	有期契約労働者等と正社員との共通の賃金規定等を新たに規定・適用した場合	１事業所当たり**57万円＜72万円＞（42万7,500円＜54万円＞）**
諸手当制度共通化コース	有期契約労働者等と正社員との共通の諸手当制度を新たに規定・適用した場合	１事業所当たり**38万円＜48万円＞（28万5,000円＜36万円＞）**
選択的適用拡大導入時処遇改善コース	選択的適用拡大の導入に伴い、社会保険適用となる有期契約労働者等の賃金の引上げを実施した場合	基本給の増額割合に応じて、１人当たり 3%以上5%未満：**19,000円＜24,000円＞（14,250円＜18,000円＞）** 5%以上7%未満：**38,000円＜48,000円＞（28,500円＜36,000円＞）** 7%以上10%未満：**47,500円＜60,000円＞（33,250円＜42,000円＞）** 10%以上14%未満：**76,000円＜96,000円＞（57,000円＜72,000円＞）** 14%以上：**95,000円＜12万円＞（71,250円＜90,000円＞）**
短時間労働者労働時間延長コース	有期契約労働者等の週所定労働時間を5時間以上延長し、社会保険を適用した場合	１人当たり**19万円＜24万円＞（14万2,500円＜18万円＞）** ※　上記「賃金規定等改定コース」又は「選択的適用拡大導入時処遇改善コース」と併せ、労働者の手取りが減少しない取組をした場合、1時間以上５時間未満延長でも助成 1時間以上２時間未満：　**38,000円＜48,000円＞　（28,500円＜36,000円＞）** 2時間以上３時間未満：　**76,000円＜96,000円＞　（57,000円＜72,000円＞）** 3時間以上４時間未満：**11万4,000円＜14万4,000円＞（85,500円＜10万8,000円＞）** 4時間以上５時間未満：**15万2,000円＜19万2,000円＞（11万4,000円＜14万4,000円＞）**

◆ 生産性の向上が認められる要件については、厚生労働省HP「生産性を向上させた企業は労働関係助成金が割増されます」をご確認ください。

◆ すべてのコースにおいて、助成人数や助成額に上限があります。

厚生労働省・都道府県労働局・ハローワーク

LL290401派企01

(1) 正社員化コース

「正社員化コース」は、原則6カ月以上雇用している有期契約社員・パートスタッフを正社員に転換して6カ月雇用した場合に、助成金の対象になることがあります。

有期契約社員と正社員のスタッフの一番大きな違いは、「契約に期間の定めがあるか？　ないか？」です。一般的な正社員は、労働契約に期間の定めがなく、スタッフ側から辞めたいと言わない限り、いつまでもそのサロンにいます。一方、有期契約社員は労働契約が「○年○月○日〜△年△月△日まで」と期間が決められていて、原則その△年△月△日を迎えると雇用契約が終了します。この「期間の定めがある、なし」は労働契約上、非常に重要なポイントとなります。

すでに雇っている方（正社員以外）でも、これから採用する方でも、どちらでも対象となります。これから採用する場合は、「有期契約社員（またはパートスタッフ）」で募集・採用をすることがポイントです。「正社員募集」で採用活動をしていて、いざ応募者の方が面接に来たら「有期契約」で採用すると、それは法律違反となります。また正社員になることを約束して、有期契約で採用された方は対象外となります。ですから、最初は「有期契約だけど、正社員にするよ」と言ってしまうと助成金は申請できません。

有期契約期間（非正規の期間）は、通常6カ月以上必要ですが、「人材育成コース」の「有期実習型訓練」を併用した場合は、期間が短縮されます。

まず、正社員転換する前に、「キャリアアップ計画書」の届出を労働局にします。その後、「就業規則」に正社員転換の規則を入れ、その規則通りの運用（面接試験をする、と定めたら、面接試験をする）をして、正社員として給与を6カ月支給した後、そこから2カ月以内に申請をします。助成金は申請期限があり、1日でも過ぎてしまうと申請できなくなりますので、注意が必要です。

助成金は、申請の対象となるスタッフが限定されている場合がありますが、こちらの助成金は正社員以外であれば、どなたでも対象となる可能性があります。申請自体も、添付資料も多くなく、申請の難易度が低いのも特徴です。

本年度から、各助成金で「生産性要件」というものができました。以下の計算方法で、労働生産性が向上していると認められた場合は、助成金の金額や補助のパーセンテージが上がる、というものです。

① 助成金の支給申請等を行う直近の会計年度における「生産性」が、その3年前に比べて6%以上伸びていること。

② 「生産性」は図表5-5-3の計算式によって計算します。

(2) 人材育成コース

有期契約社員・パート社員に対して、研修を原則20時間以上行う場合に、助成金の対象となることがあります。研修の費用が返ってくる「経費助成」と、研修中の給料の補助となる「賃金助成」（1人1時間当たり760

【図表5-5-2】 申請イメージ図

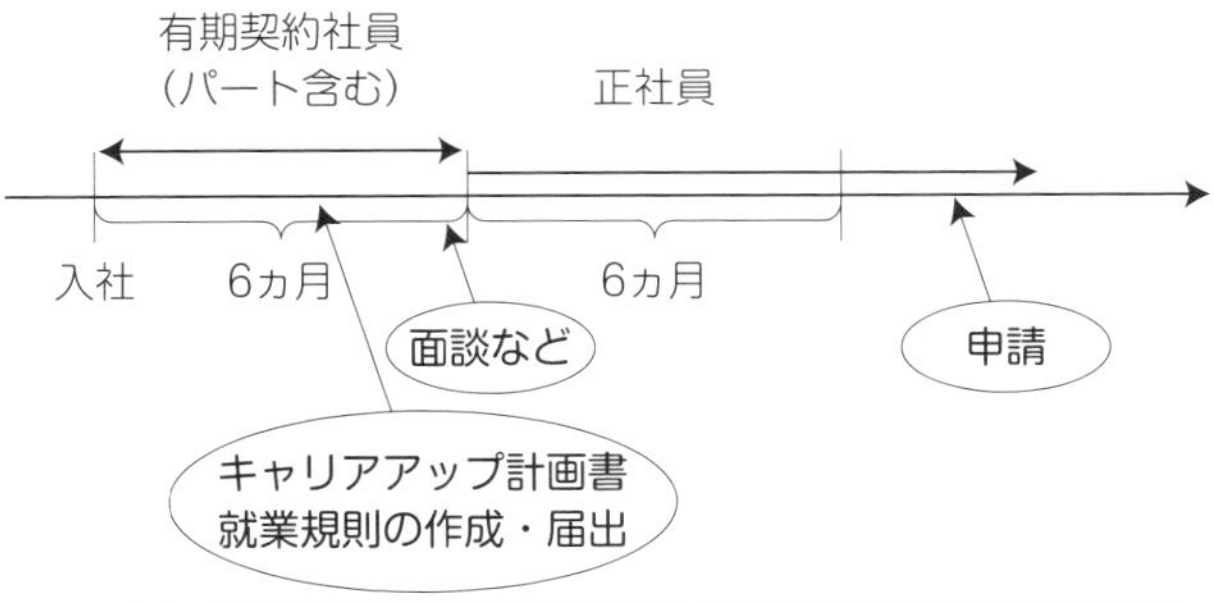

○有期契約 ▶ 正 社 員　1人当たり57.0万円<72万円>
○有期契約 ▶ 無期契約　1人当たり28.5万円<36万円>
○無期契約 ▶ 正 社 員　1人当たり28.5万円<36万円>

※母子家庭の母等の場合は、9.5万円の加算があります。
※<　>内の金額は、一定の生産性要件を満たした場合。

【図表5-5-3】

$$\text{生産性} = \frac{\text{営業利益}+\text{人件費}+\text{減価償却費}+\text{動産・不動産賃借料}+\text{租税公課}}{\text{雇用保険被保険者数}}$$

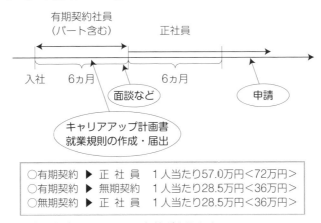

円）があります。「経費助成」は、訓練の時間数に応じて上限がありますが、費用が原則全額返ってきますので、思い切って高額な研修に出してもよいかもしれません（例：100時間未満の上限10万円）。

仕事中以外の研修だけを行う「一般職業訓練」とサロンワーク中の指導も対象となる「有期実習型訓練」があります。どちらも研修の開始日より1カ月以上前に、各労働局へ研修計画の申請が必要です。

「有期実習型訓練」は、過去5年間に3年以上正社員としてサロンで雇用された方は対象となりません。また、対象となるスタッフに「キャリア・コンサルティング」を実施して、キャリアコンサルタント（ジョブカード作成アドバイザー）から訓練の必要性の有無について確認を受ける必要があります。研修は、スタッフが数名いるサロンであれば、ご自分のサロンのスタッフを講師とすることもできます。もちろんディーラー等が主催する研修でも申請可能です。

どちらの訓練も、有期契約社員等の処遇改善（給与アップ、正社員への転換など）を目的として行うことが前提となっています。

【図表5-5-4】キャリアアップ助成金　支給額

OFF-JT	経費助成	訓練に要した費用（原則1人30万円上限）
	賃金助成	1人1時間当たり760円＜960円＞（上限912,000円）
OJT	実施助成	1人1時間当たり760円＜960円＞（上限516,800円、680 h）

※＜　＞内の金額は、一定の生産性要件を満たした場合。

（例）6ヶ月間総訓練時間750時間（内OFF-JT 75時間、OJT 675時間）
OFF-JT費用10万円の場合

OFF-JT	経費助成		100,000円
	賃金助成	@760円×　75h＝	57,000円
OJT	実施助成	@760円×675h＝	513,000円
	合　　計		670,000円（申請予定額）

②人材開発促進助成金（旧キャリア形成促進助成金）

「キャリアアップ助成金」が正社員以外の為の助成金なのと対照的に、正社員の為の研修、またはキャリアコンサルタントとの面談制度などの助成金が「人材開発促進助成金」です。平成29年3月までは「キャリア形成促進助成金」という助成金でしたが、平成29年4月から名称が変わり、制度内容も若干変更となっています。大きく2つの制度から成り立っています。

(1)訓練関連

正社員の為の研修費用を補助する「経費助成」、研修中の給与を補助する「賃金助成」があります。キャリアアップ助成金と違うのは、その研修に誰が行くかによって、またはどの研修にいくかによって、「経費補助」の率(キャリアアップ助成金と違い、全額の補助ではない)、「賃金助成」の金額が違います(経費助成は、時間数によって上限があります)。

また、特定訓練の場合に必要な時間数は10時間、一般訓練は20時間です。

複数店舗経営されているサロンでの新人教育で使っている助成金は、この助成金の「特定訓練」に該当します。この新人教育でよく使われる「実習併用職業訓練(実践型人材養成システム)」の大臣認定と言われるものは、外部研修とサロンワークの指導のカリキュラムを半年間から1年間の長さで組

【図表5-5-5】人材開発促進助成金

訓練の種類		賃金助成	経費助成	実施助成
特定訓練	OFF-JT	760円 ＜960円＞	45% ＜60%＞	—
	OJT	—	—	665円 ＜840円＞
一般訓練	OFF-JT	380円 ＜480円＞	30% ＜45%＞	—

※＜　＞一定の生産性要件を満たす場合。
セルフ・キャリアドッグ制度の導入企業などは、上記に加え補助率のアップがあります。

み合わせることによって、対象となります。「大臣認定」の申請時期は12月頃ですので、新卒採用をされる場合は、早めに対応をされることをお勧めしています。

(2) **制度導入関連**

人材育成の為に、特定の制度を導入し、対象者が出ると助成金が申請できる制度です。

平成29年4月に、「キャリア形成支援制度導入コース」と「職業能力検定制度導入コース」の2つに整理されました。

各コースとも、助成額は47.5万円で、生産性要件を満たす場合は60万円です。適用人数、適用日数は図表5-5-7の通りです。

事前に計画申請を労働局に提出し、認定を受けてから就業規則を変更の

【図表5-5-6】 キャリア形成支援制度導入コースと職業能力検定制度導入コース

○キャリア形成支援制度導入コース ・定期的なセルフ・キャリアドッグ制度を導入し、実施した場合 ・教育訓練休暇制度等を導入し、実施した場合
○職業能力検定制度導入コース ・技能検定に合格した従業員に報奨金を支給する制度を導入し、実施した場合 ・社内検定制度を導入し、実施した場合

【図表5-5-7】 人材開発促進助成金の適用人数・適用日数

雇用する被保険者数（正社員）	最低適用人数（被保険者）
50人以上	5人
40人以上50人未満	4人
30人以上40人未満	3人
20人以上30人未満	2人
20人未満	1人

雇用する被保険者数（正社員）	最低適用日数（教育訓練休暇等）
50人以上	25日以上
40人以上50人未満	20日以上
30人以上40人未満	15日以上
20人以上30人未満	10日以上
20人未満	5日以上

上、制度を導入し、対象者が出て被保険者の人数による最低適用人数・日数をクリアしてから6カ月後に支給申請ができます。

各コースがありますが、この中で特にお勧めなのは「セルフ・キャリアドッグ制度」です。スタッフの方の昇進・昇格の時に行うと、スタッフ自身が今後のキャリア設計を行う上で有益な機会にもなり、この制度を導入していることによって、研修に参加した時の補助率がアップするなどの、二次利得もあります。

③ 両立支援等助成金

「両立支援等助成金」は、スタッフの仕事と家庭の両立を支援した場合に対象となる助成金です。いくつかあるコースの中でも、美容室でよく使われているコースをご紹介します。

(1) 出生時両立支援コース

男性が育児休業を取得しやすいように、研修等をし、実際に男性スタッフが赤ちゃんが生まれて8週間以内に開始する連続5日以上（5日間の間に休日が入ってもよい。例：育休・育休・休日・休日・育休）の育児休業を取得した場合に申請ができます。

申請金額は1人目57万円（生産性要件を満たした場合は、72万円）、2人目以下14.25万円（生産性要件を満たした場合は、18万円）です。（※支給対象は1年度1人まで）

この助成金は、比較的申請もしやすく（添付書類が少なく）、スタッフの方にも喜ばれるので、お勧めの助成金です。

(2) 育児休業等支援コース

産前・産後休業及び育児休業に入る女性スタッフに対し、業務の整理、引継ぎのスケジュール、復帰後の働き方などについて面談し、「育休復帰支援プラン」（どう支援するかのプランニング）を作成し、そのスタッフが3カ月以上の育児休業（産後休業含む）を取得した場合に、助成金の対象となることがあります。

また、育児休業中に「育休復帰支援プラン」に基づき、職場の情報提供・資料の提供をし、復帰前・復帰後に面談を実施し、対象のスタッフを現職に復帰させ6カ月以上雇用した場合に、助成金の対象となる場合があります。

金額は、取得時・復帰時ともに28．5万円（生産性要件を満たした場合は、36万円）です。

数年前までは、スタッフが妊娠・出産すると退職される方が多かったですが、ここ数年は産休・育休を取られても復帰される方が多いので、円滑な復帰の為にもお勧めできる助成金です。

第6章

美容室の開業やってはいけないQ&A

事例1 希望の借入額が融資審査で断られてしまったら？

開業のために自己資金300万円を準備し、1，200万円を借入希望額として融資審査を出した方が、借入額が多すぎるとして減額提案を受けてしまったという相談でした。

金融機関から減額提案を受けた理由は、内装工事、美容機材の設備投資金額の見積合計が1，300万円で、この投資額が大きすぎるということと同時に、設備資金にお金を使ってしまうため開業後の運転資金が少なすぎるという理由でした。

また、金融機関が考える美容室の平均的な客単価、売上金額の数値を超える金額が事業計画書で使われており、金額の根拠に具体性が欠ける、この2点が問題点として挙げられました。

融資審査を出す段階では、美容室の出店場所は仮契約の状態でほぼ確定し、その店舗での内覧、見積も終え、どんな美容機材を購入する予定なのかもほぼ決まっています。

多くの場合は、この段階で開業に必要になる総投資額が明確になります。この総投資額から自己資金を踏まえてどれくらいの借入が必要になるのかを検討しますが、もし、希望借入額の全額が借りられないと、美容室の開業計画自体がストップしてしまうケースは少なくありません。

融資審査で、融資がそもそも出来ないと言われるケースは、個人情報に問題がある場合です。個人情報に問題がある場合は、どう頑張っても融資を受けることは出来ません。個人の信用情報については、日本政策金融公庫でも民間の金融機関でも共通の情報を使用していますから、他の金融機関で融資を申請しても結果は変わりません。

融資が受けられないわけではなく、融資希望額からの減額提案を受けた場合の対応策は、何が問題だったのか、その指摘された問題を丁寧に解決していくことです。

金融機関から減額提案があるということは、お金を貸すプロの目から見て、今の計画のまま開業しても美容室経営が難しいと判断されているということです。希望の融資額が受けられないと不満に思うかもしれませんが、失敗の可能性を未然に防いでくれている感謝すべき存在と考えることも必要です。

冒頭でご紹介した借入融資の案件は、結果として1，200万円の融資を受けることが出来ました。

金融機関から指摘された問題を丁寧に改善すること。改善した上で、再度の融資面談を進めることで融資が受けられる可能性が高くなります。

今回のケースは、

①　総投資額に占める設備投資の金額が過大であり、運転資金が少ない事

②　事業計画の数値が具体的根拠に欠ける

という2点。

①について、まずは設備投資の金額の大幅な見直しをしました。

自分の作りたいお店のイメージと、お客様が必要としている店舗設計には大きなギャップがあります。

こんな感じで作ってほしいという依頼者と、その要望に応えようとする建築会社。建築会社さんも依頼者の要望に応えようと良いものを提案してくれますから、打ち合わせの初期段階では、内装工事の見積は高額になるケースが多いです。

内装工事費用が過大であった場合の対応策は、お客様にとって必要なモノは何か、を判断基準として優先順位を決めることです。自分の作りたいものではなく、まずはお客様にとって必要なモノから作り込み、その上で、内装工事に使える予算の範囲で、自分のやりたいことを実現すること。今回の対応は、内装施工会社を変えることなく、物件の総坪数の内、お店に使う坪数を少なくすることで内装工事費用の削減を実現しました。

美容機材についても、シャンプー台に求める機能の見直しを行い、新品と中古機材を使うことで美容機材の投資金額を削減しました。

当初の計画から設備投資の予算額を減らし、その減らした予算の一部を運転資金に回すことで、指摘された問題に対応しました。

金融機関から減額提案を受けてしまった時の対応策として、美容機材の会社などから、美容機材や業務用エアコン、ボイラーなどの高額機材はリース契約にすれば良いという提案を受けたりすることがありますが、リース契約にしたとしても総投資額は変わらず、金融機関が指摘した問題が解決するわけではありません。リース契約も、割賦（分割）購入も、将来に支払いを先延ばししたに過ぎず、開業後の資金繰りを悪化させる可能性が高いです。

希望額が借りられなかったといって、不足額を何とか他の金融機関で借りようとするのも基本的にＮＧです。そもそもの事業計画の見直しをすることが最優先です。

②の事業計画の数値に具体的根拠が欠ける点について、金融機関は美容業の業界平均値の数値を持っています。業界平均値と明らかに違う数値が事業計画で使われていると、特に数値の根拠を確認されます。

融資担当者は、業界の平均値を情報として持ってはいますが、担当者が必ずしも美容業に詳しいわけではありません。事業計画に使った客単価、客数を、融資担当者に客観的に説明することが出来れば問題ありません。大切なのは、自分の思い込みではなく「客観的な根拠」です。

出店予定地の商圏には、同じ客層、価格帯の美容室が何店舗あるのか、提供しようとしているサービスに競合店はあるのか、これまでの勤務していた店の担当顧客に対して営業活動が出来るのか、出来るとしたら具体的に何をするのか、など細かに説明する準備が必要です。

オープンしたら、ホームページやインスタやフェイスブックなどのＳＮＳで集客しようと思います。チラシを作って自分で配ろうと思います。折り込みチラシや地域雑誌にも掲載しようと思います。こういった抽象的な表現ではなく、オープン時には、ホットペッパービューティーと地域雑誌の○○に掲載し、折り込みチラシも○○地域に△部配布します。手配りチラシは、○○駅のターゲット客層がよく通過する時間帯に△部配布したり、ポストの中にチラシを投げ込むだけでなく、一軒一軒声掛けをします。などなど…

売上 ＝ 客数 × 客単価

事業計画を立てる際は、この掛け算の根拠について、美容業を知らない人にも分かりやすく、かつ具体的に説明出来れば、事業計画の信頼性はより高くなります。

事例2　青色申告の届出を忘れていたら？

美容室を開業したら税務署に開業の届出が必要です。青色申告のメリットである最大65万円の特別控除や青色事業専従者給与の支給が出来るようになるには、開業の日から2か月以内に税務署に届け出ることが必要です。

税務署に開業の届出を忘れたとしても、税金の納税をするために確定申告の手続は必要です。でも、青色申告の届出を忘れていたら大問題です。もともと白色申告で申告するつもりであれば別ですが、青色事業専従者給与の適用、最大65万円の青色申告特別控除、欠損金の繰越控除といった節税効果の高いメリットが受けられなくなってしまいます。

1月16日に美容室を開業した方が、税務署に開業の届出、青色申告の届出の提出が必要であったことを知らず、翌年の確定申告の時期に、届け出の必要があったことを税務署で初めて気付いた方がいました。

1月16日に美容室を奥様と2人でオープンし、2人ともスタイリスト。お店の経営は1年目から順調でした。奥様にもたくさんのお客様がついており、事業主であるご主人は売上に貢献した分の給料を奥様に毎月支払っていました。毎月の給料として30万円、年末にボーナスとして40万円を支払っていました。事業主であるご主人が確定申告の為に税務署に行くと、税務署の担当者から、「あなたは白色申告になりますから、身内である奥様への給与は年間で事業専従者としての86万円までしか認められません」と言われました。

要するに、奥様に年間４００万円の給料を支払っていたのですが、白色申告者の事業専従者控除としての86万円だけが使え、残りの３１６万円は経費にはならなかったのです。開業初年度から順調な経営成績だっただけに、65万円控除が使えなかった点、奥様の給与が３１６万円経費にならなかった影響で、白色申告者として計算をし直した結果、所得税だけで100万円程度も多く払うことになってしまいました。

ちなみに、もし、確定申告の時に税務署で指摘が無ければ、そのまま奥様に給与を支払ったものとして自分の所得を申告していたはずです。この時、たまたま指摘してくれたからよかったのですが、税務署は「白色申告」の人が、間違って「青色申告」として身内の給与の計上や65万円控除を使ってしまっていたとしても、必ずしも教えてくれるわけではありません。間違っていようが、合っていようが、兎に角、税務署は提出された申告書を受け付けます。こういったミスは自分で気づいて修正申告をしない限り、数年後の税務調査の際に問題が発覚することになります。

知らなかったでは済まされません。仮に税務調査で問題が発覚すれば、過去の奥様への青色事業専従者給与と青色申告特別控除、その他、青色申告者だけが使える制度の適用がすべて否認され、正しい納税額を納税し、なおかつ、ペナルティーも支払わなければならない可能性もあります。税務調査で指摘されるのは所得税だけですが、所得税を修正することで、過去分の市民税、国民健康保険料にも影響が出てきます。

また、違うケースとして、9月1日に開業した方で、9月、10月、11月、12月に使ったお店の経費の額が、12月までの売上金額よりも多くなり、開業初年度は120万円の赤字になってしまいました。白色申告でも9月1日以前にお店の開業のために使った経費は開業費として翌年以降の経費とすることができますが、初年度の120万円の赤字は翌年に繰り越すことが出来ません。青色申告の届出をしていれば、120万円の赤字は、翌年の利益と相殺することができ、白色申告の方と比べて所得税を少なくすることが出来ます。その年の後半に開業する方は開業初年度が赤字になる可能性を見据えて、青色申告の申請をすることをおすすめします。

美容室を開業したら「個人事業の開業の届出書」を、開業の事実があった日から1か月以内に、青色申告の適用を受ける場合には「青色申告承認申請書」を、1月1日から1月15日までの間に開業したらその年の3月15日までに、1月16日以降に開業したら開業日から2か月以内に提出することが必要です。

事例3 美容室の開業と同時に会社を設立しました。

美容室を開業する場合は、個人事業主でも法人（会社を作ること）でも、どちらで経営しても問題はありません。一般的には、最初は個人事業主として美容室を開業し、経営が軌道に乗り始めた数年後に法人で経営するパターンが多いです。もちろん、個人事業主のまま経営をし続ける方もたくさんいます。開業の段階から会社を設立すること自体は全く問題ありません。

問題は、法人で経営すると発生する問題を理解して会社を設立しているかどうか。実は、開業を検討されている方の中には、お店を開業する＝会社を作る事、と勘違いをしている方も少なからずいます。

開業された後で当事務所と契約を結んだお客様の中でも、契約の打合せ中に法人の定款、登記簿謄本があり、「個人事業ではなく、法人で経営されるのですね？」とお聞きすると、「え？ 会社じゃないとだめだと思って、会社を作ってもらいました。」という方がいました。

初期段階で問題が発覚したため、登記の取り下げを司法書士に依頼しました。設立費用、登記の取り下げ費用、どちらも決して安くはない費用です。

美容室を個人事業か法人で経営するかの選択で検討すべきことは、社会保険の加入の問題です。社会保険の取り扱いの違いをしっかりと認識し、目的があって法人を選ぶのであれば、まったく問題はありません。

創業融資を受ける際に法人にした方が良いという方もいます。平成26年2月以降に発表された「経営者保証に関するガイドライン」の影響もあり、法人で融資を受ける際に代表者に経営者保証を付けずに融資が受けられるという制度も出来ました。

金融機関からすると、万一、法人の経営が行き詰り、返済が難しくなった際に、代表者である個人に返済を求めることが出来ましたが、このガイドラインが出来てからは、代表者である個人には返済を求めないこと（代表者を保証人としない）とする流れになってきています。

もし、美容室の経営が失敗しても借金を負うのは会社で、代表者である自分は責任を負わなくて済むから、会社で創業してお金を借りたい。この考え方は本末転倒です。経営ですから、１００％失敗しないという保証はどこにもありません。リスクは最大限負わない選択を取ることは大切ですが、失敗を前提としたリスク対策なら、初めから美容室の開業はやめた方が良いでしょう。借金のリスク対策ではなく、失敗しない経営をするためには何をすべきかを考えることの方が重要です。

開業して半年後にお会いしたご夫婦からの相談でした。美容室の開業コンサルタントからのアドバイスを受けて、開業の時に会社を作り、会社で代表者保証を付けずに創業融資を受け、それだけではなく、代表者個人として法人とは別に事業の追加融資を受けたという事案でした。その開業コンサルタントから受けたアドバイスが、まさに先ほどの内容でした。法人でお金を借りれば、もし返済が出来なくなっても代表者であるあなたに返済義務はない。よく理解できなかったとは言え、アドバイスを受けて実行した事業主本人に責任があります。

残念ながら、美容室の初期投資額が明らかに過大で、出店立地も集客するのは好ましくない場所であったため、返済の見込がないとして破産手続きをすることになりました。

借金のリスク対策と融資額にばかり目が行き、肝心の立地＆集客戦略を疎かにした結果といえます。

生存する美容室を作るため、そして成長するために、個人事業なのか、法人なのかを選択することが大切です。

事例4 スタッフに辞めてもらうしかない？

美容室を開業して半年ほどが経過した時、開業前から一緒に働いてくれていたスタッフへの給与の支払いが難しくなり、どうしたら良いのかという相談を受けました。

お店の経営状況を確認すると、スタッフへの給与どころか、借入金の返済にも支障が出始めている状況でした。このまま続ければ、このスタッフへの給与の未払が出る可能性があることから、退職勧奨（お店をやめてもらうように勧める事）することになりました。

このスタッフは以前の職場が一緒で、自分が独立するので一緒に働いてほしいと声を掛けた経緯のある方でした。

一番の原因は、資金繰りの悪化でした。

自分が声を掛けて付いてきてくれた人ですので、自分の身を削ってそのスタッフに給与を支払っていましたが、通帳残高が減少していく現実には勝てませんでした。

前のお店を辞めて、相談主のお店に来るという選択をしたのはこのスタッフです。自分で決めた選択とは言え、相談主のお店の経営状況までは知ることが出来ません。自分を信頼し、自分のために働いてくれていたスタッフに辞めてもらう選択など、絶対に避けたいですよね。

一緒に働いてきた人なら、自分との仕事の相性も分かるし、担当顧客がいれば自分の店で働いてもらった時の売上もある程度予測できます。

お店を大きくしたい。スタイリストを採用しないと売上が上がらないと考え、一緒に働いてきた人に声を掛けて、オープン段階からスタッフを採用するというケースは少なくありません。

スタイリストが増えなければお店の売上上限が決まってしまうのは事実です。でも、スタッフ採用は経営者として大きな責任が伴うことも忘れてはいけません。

大袈裟ではなく、その人の人生を左右することにもなります。

事業計画で立てた売上は、どれだけ具体的な根拠があったとしても、所詮は予測。当たり前ですが、絶対に達成できるという保証はありません。

美容室の経営で最も大きな経費は、人件費です。身内以外のスタッフ採用が無ければ、次に大きい経費は店舗家賃です。

不動産コストは出店を決めた段階で確定します。人件費も、採用を決めた時点でほぼ確定します。でも、売上に絶対はありません。

大きな責任を伴うスタッフの採用、一緒に働きたいと思っている大切な人だからこそ、まずは利益が確保出来る見通しが立ってから、自分のお店に来てもらうように話をすることが望ましいです。あなたと一緒に働きたい、自分のお店に来てほしいけど、お店に来てもらうのは、少しだけ待ってほしい。まずはお店の経営を軌道に乗せて、給料が確実に支払える見通しが立ってから自分のお店に迎え入れ、そこから一緒に利益拡大を目指すのがお店を確実に生存させ、成長軌道に乗せる鉄則です。

すぐに売上が作れるスタイリストなんていない。スタッフの教育が必要だ。だから、まずは採用をしなければいけない。これは教育期間中の人件費が負担できるだけの利益が確保できているお店の打つべき手です。

採用の順番を間違えると、致命的な失敗となります。

オープン段階から採用を考えている人の中には、採用したスタッフの売上に連動して給料を支払うようにすれば、人件費が払えなくなるというリスクが減らせるという方もいます。売上が少ない時のリスク回避は出来ますが、売上が上がって来た時の人件費コスト増加の問題、雇用と請負の問題、スタッフの定着の問題など、結果として大きな問題を残してしまいます。

競争の厳しい美容業界の中で勝ち残るお店になるためには、良い人材の採用が欠かせません。スタッフ採用には大きな責任が伴うことをしっかりと認識した上で、まずはスタッフに給料が支払えるだけの環境を作り上げること。そこから採用活動を強化できるようにお店を成長させること。

生存対策と成長対策の両方が必要です。

事例５　美容室に立地は大切なの？

以前は、美容室を開業した後に税理士を探している方から、ご相談を受けることが多かったのですが、今は、美容室の立地を診断するところからお手伝いをさせて頂くケースがほとんどです。必ず生存するお店を作るためには、美容室の立地から慎重に判断することがとても重要です。

駐車場はないけれど、少し歩けば有料パーキングもあるからおすすめの物件です。美容室の立地を探したことのある方は分かると思いますが、自分の理想とする物件に出会える確率はとても低いです。

予定していたオープン日も近くなり、今の勤務している店の退職日も迫ってくる。オープン日を遅らせると、収入の面でも支障が出る可能性もあり、仕方なく妥協して、本来は選びたくない立地でお店を開業してしまう。ここしかないという状況になると、人は悪い情報を遮断してしまいます。

- 駐車場がなくても、近くにパーキングがあればなんとかなるかな。
- 分離帯のある道路だけど、この先をUターンすれば入ってこられるよね。
- ガードレールが駐車場入り口ぎりぎりまであるけど、入れないことはないな。
- 隣の会社は工事車両の出入りの多い会社だけど、うちのお店には関係ないかな。

第３章でもご紹介しましたが、郊外型の美容室に必要な立地条件として、次の６つが考えられます。

①　セット面４面以上の設置ができること
②　店舗の全面、もしくは側面に４台以上の駐車場があること
③　駐車場の入り口が入りやすいこと

④　道路を車で走りながらでも、お店の存在が確認できること
⑤　中央分離帯のない道路であること（生活道路であること）
⑥　交差点内でないこと

家賃の金額や必要な坪数に加えて、上記のすべての条件を満たした物件は、中々見つかりません。もちろん、上記の条件がすべてではなく、上記に当てはまらない立地だからと言って悪い立地という訳ではなく、より有利な美容室を開業する上で、満たしていることが望ましいという条件です。

立地を探すというのは難しいことのように感じますが、実は案外簡単です。必要なのはお客様の目線です。男性の場合は、この立地の考え方が比較的苦手です。普段から買い物をする立場でものを見ていない事が多いためです。

ほとんどの美容室の主要客層は女性です。お客様である女性の目線から考えれば、来店しやすいお店はどんなお店なのかがすぐに分かります。郊外型でなくても、都心部でも少し離れれば車での来店のお客様の数は増えてきます。

女性が車でお店に行く時に、どんな道路だったら気軽に通れるのか、駐車場がどれくらいの台数とスペースだと気軽に駐車できるのか、どんな目印がお店にあると分かりやすいのか、作る立場ではなく、使う立場、買う立場からの目線で考える事がとても大切です。

美容室の開業準備の中で、自分のお店で提供したいサービスに合わせた内装工事や美容機材の準備の打ち合わせを進めるうちに、「自分のやりたいこと」に焦点が行ってしまうことがほとんどです。美容室に限らず、成長しているお店は、「お客様にとって必要なものは何か」に焦点を当ててお店作りをしています。

立地の有利不利が、美容室を開業した後の経営成績にリアルに反映します。どれだけ素晴らしい技術があっても、お客様が来店しにくいお店であれば、成果を上げるには時間がかかります。素晴らしい技術をお客様に知ってもらい、来店してもらうには時間が必要です。有利な立地であるほど、創業計画にある軌道に乗った後の経営数値を達成する期間が短いのは間違いのない事実です。

事例6　まともに税金払っているの？

相談者の方から先輩の美容室経営者に「まともに税金を払っていたらダメだよ」って言われたのですが本当ですか？　という質問を受けました。ビックリする質問ですが、本人にとっては先輩経営者からの生の声ですから、大真面目です。

ＰＯＳレジの販売会社などでセミナーをさせて頂くと、参加者の方から同じような話を聞きます。

「ＰＯＳレジを導入すると、お店の売上を全部計上しなきゃいけないでしょ？　だから、うちのお店は導入したくないの」と。

売上を計上し忘れてしまったのと、売上をわざと計上しなかったのでは全く意味が違います。売上をわざと計上しなかったのは、「脱税」で犯罪行為です。

これから開業する方には特に、この違いをしっかりとお伝えをしています。もし、これまでの売上を計上し忘れた事に気づいたら、すぐに過去の申告の内容を修正する必要があります。

税務調査の連絡が来る前に間違いに気づいて修正申告するのと、税務調査で売上を抜いていたことが発覚するのでは、課せられるペナルティーの重さはまったく違います。

知らなかったでは済まされません。

税務調査で、過去の売上計上の一部が抜けているのではないかと税務署から指摘を受けてどうしたら良いのか？という相談を受けました。

なぜその指摘を受けたのか、過去の経理資料の内容を確認しながらヒアリングをしましたが、最終的に相談者の口から、以前から特定の売上だけを計上していなかったという事が分かりました。正しい納税について説明をした後、相談をお断りしました。税務調査を終えた後、税理士として関与させて頂きましたが、あるべき姿を真面目に申告した方が、結局は税金が少なくなるとは思わなかった、本当に馬鹿な事をしたと嘆いていました。

別の税務調査のご相談では、意図的ではないにしても売上の計上し忘れを税務調査で指摘され、それよりも以前の売上計上し忘れについて、経営者が確認できる帳簿資料を捨ててしまっていたことから、税務署から、これくらいの売上の未計上があったであろうという「推定課税」を受けているというご相談でした。

証拠資料がなければ、税務署から「推定課税」を受けても、それが違うという証明が出来ません。

経理資料は個人事業の青色申告の場合には7年間の保管義務があります。青色申告の要件としてだけではなく、税務調査での証拠資料にもなりますので、正しく処理をしていることを証明するために帳簿の保管はとても大切です。

ご相談のケースでは、推定課税のまま受けてしまうと本来納めるべき税金とペナルティーをすべて含めると数百万円になる可能性があり、なんでそんな事をしたのか、なぜ、資料を捨ててしまったのか、奥様が事業主であるご主人に詰め寄り、奥様が泣き崩れるという事態にまで至ってしまいました。税務調査の立ち合いをさせて頂き、証拠資料がないことにより推定課税を受けていますので、納税者側として、税務署の主張に対して可能な限りの状況証拠を積み上げて交渉を行いました。

結果としては、当初の税務署からの推定課税の金額からは少ない額での決着となりました。この方にとっては、証拠資料がないということは自分が不利になるということを痛感した税務調査となったようです。

お店を経営する以上は、いつ税務調査が来ても不思議ではありません。美容室の売上は、クレジットカード、電子マネーなど回収方法が増えてきていますが、現金の割合はとても大きいです。美容室は現金商売ですので税務調査が多い業種の一つです。また、無予告調査といって、事前の連絡なしに、ある日突然税務調査が来るケースが多いのも美容室の税務調査の特徴でもあります。

税務調査対策だけではありませんが、日常から気を付けておくべきポイントとして、以下5点を記しておきます。

① 毎日の売上が売上台帳に記入されていること

② POSレジ、レジから出てくるレシートなどの金額と売上金額が一致すること

③ お客様のカルテ情報と売上金額が一致すること

④ メーカー等からのバックマージンも収入計上すること

⑤ 同規模の美容室に比べて水道光熱費などの売上に連動する経費比率が適切かどうか

もちろん、売上だけでなく、プライベートな支払が事業の経費に入っていないかにも注意が必要です。

節税と脱税はまったく違います。脱税をしてお店が大きくなることはあり得ません。生存、成長するお店を作る大前提は、正しい納税をすることであることをしっかり認識し、美容室経営することが大切です。

おわりに

「必ず生存する美容室を作る」

私たちが最も大切にしているテーマです。

私たちは美容師の夢を実現する税理士・社労士事務所作りを目指しています。

折角たどり着いた美容室の開業で、絶対に失敗してほしくない。

私たちが学んだ「経営の原理原則」を一人でも多くの美容室経営者の方に知っていただき、夢の実現に向けて安心して前進してほしい。美容師を目指す学生の方、働きながら自分のお店を持つことを思い描いている方が、しっかりと未来を描ける環境を創ることが、私たちの役割だと考えています。

私は、師匠である井崎貴富氏がチーフコンサルタントを務める革真塾で「経営の原理原則」と出会い、衝撃を受けました。これからは「税理士、社労士という単一の業種だけは生存できない時代である。For the Customerを実現し、業態化しなければ生存すらできない。」ことを学びました。また、大きくなければ、お客様の役に立てないということも教えて頂きました。「小さいからこそできるサービスがある」と頑なに思っていましたが、その考えは思い切って手放しました。

私たちは日本一の美容業顧客件数のある事務所を作り上げ、美容業界に貢献し、ひいては国民の暮らしに貢献する税理士、社労士事務所を作ります。

最後になりましたが、本書の根幹である「経営の原理原則」を教えて頂いた井崎貴富氏、執筆の機会を与えてくださった株式会社ウェイビーの伊藤健太氏、株式会社VALCREATIONの藤村雄志氏、原稿段階から細かなアドバイスを頂き、出版まで導いていただいた株式会社同友館編集部の佐藤文彦氏に心より感謝の意を表します。

これから美容室の開業を考えている方を対象として、地域を問わず、無料で開業相談をお受けしています。開業相談をご希望の方は、お気軽にお問合せ下さい。遠方の方は、スカイプ、電話などで対応させて頂きます。

【開業相談のお問い合わせ・お申込】

なかしま税務労務事務所　http://salon-tax.jp/

E-mail：info@nakashima-kaikei.com（件名に開業相談希望をご記入下さい）

電話番号：0120-949-758

受付時間：午前9時から午後6時まで

営業日：月曜日～金曜日（定休日：土日、祝日）

所在地：愛知県名古屋市熱田区神宮4丁目6番25号ナガツビル3A

【著者紹介】

中嶋　政雄（なかしま まさお）
なかしま税務労務事務所　代表　税理士
愛知県出身。
大学卒業後、28歳で税理士登録。
「必ず生存する美容室をつくる」をコンセプトに、美容室開業前の立地診断、事業計画、創業融資サポートを得意とする。美容室の開業相談件数は累計で300件以上、美容業の顧客件数は100件超。開業後、成長する美容室経営をサポートするため「経営の原理原則」が学べる経営セミナーを主催している。
PHPビジネスコーチ
セントラルビューティストカレッジ講師
http://www.c-beautist.jp/

中嶋　有美（なかしま ゆみ）
なかしま税務労務事務所　社会保険労務士
愛知県出身。
大学卒業後、地方銀行に就職。2002年、在職中に社会保険労務士資格取得。
中堅税理士法人二社の勤務を経て、2009年独立開業。
美容室のお客様を中心に、働き方のルールづくり（営業時間・勤務時間の変更提案、就業規則の作成）、助成金の提案などをしている。

2017年9月25日　初版第1刷発行
2019年1月30日　初版第2刷発行

開業とお金の不安が無くなる『美容室開業の教科書』

ⓒ著　者　中嶋政雄
　　　　　中嶋有美

発行者　脇坂康弘

〒113-0033 東京都文京区本郷3-38-1
TEL.03(3813)3966
FAX.03(3818)2774
https://www.doyukan.co.jp/

発行所　株式会社 同友館

落丁・乱丁本はお取り替えいたします。　三美印刷／松村製本
ISBN 978-4-496-05300-9　Printed in Japan

本書の内容を無断で複写・複製（コピー），引用することは，
特定の場合を除き，著作者・出版者の権利侵害となります。